行政をハックしよう

ユーザー中心の行政デジタルサービスを目指して

吉田 泰己

はじめに

　2021年現在、新型コロナウイルス感染拡大のなかで行政は大きな岐路に立たされている。ウイルス感染拡大が進むなかで、行政サービスのあり方自体が遠隔サービス、オンラインにシフトすることが急速に求められている。すでに民間のオンラインサービスに慣れている市民からは、政府のシステムにおけるトラブルやサービスの不具合に対する不満が高まり、行政のデジタルトランスフォーメーション（DX）は重要な課題として浮上してきた。

　一方、中央官庁の若手国家公務員の早期退職や深夜残業の改善に関する問題など、実際に行政サービスを提供する行政官自体の働き方が問われる状況だ。

　こうした状況を踏まえると、行政サービスや業務でのデジタル技術活用が大きな行政の方向性を握っていると言ってもいい。しかしながら、行政組織にはデジタル化を実現できる人材が非常に限られているという厳しい状況に直面している。こうしたなかで、2021年9月からデジタル庁が設置された。

　私は、2017年から4年間、経済産業省の情報プロジェクト室で行政サービスのデジタル化の取り組みを進めてきた。経済産業省の他の部署は日本の経済成長にとってどのような産業政策が必要かという視点で施策を検討しているのに対して、われわれの部署は行政サービスをどのようにデジタル技術を活用して届けるのかというサービス提供の変革に特化したチームとして機能している。また、私自身は本部署に配属される前は留学しており、デジタルガバメント先進国がどうやって組織を変え、行政サービスのデジタル化を実現してきたかを学んだ。

本職に就くまで、私自身はITのバックグラウンドをまったく持たない行政官だった。一方で、これまでの行政における業務の非効率や、ユーザーを中心としてサービスを届けるという発想が行政組織は弱いことには強い違和感を感じていた。

　留学中の学びは現在の仕事をするうえで大きな財産になったが、それ以上に留学経験を通じて自分が一番強く感じたのは、自分が達成したいと思うことに向き合い、強い思いを持って一歩踏み出すことが大きく社会を変えられる可能性があるということだ。授業を受けるなかで勇気づけられたのは、強い内発的な動機がビジョン実現への原動力となるということだった。

　本書は、経済産業省でのこれまでの取り組みや、留学等で学んできたことを踏まえて、行政官が行政サービスのデジタル化というテーマにどのような思考を持って現状に立ち向かい、組織を変革し、デジタル化を推進していくべきかのアイデアをまとめたものだ。これらをシェアすることによって、少しでも多くの行政官に、新しい視点や考え方が取り入れられ、ともに進む仲間が増えることを目標としている。行政のデジタル化という壮大かつ難易度の高い課題に立ち向かうには、デジタル庁だけでなく、すべての行政官が認識を変え、行動を変えることが必要であり、ともに進んでいくことが大切である。

　実は行政サービスとは、誰もが利用するという意味で国内で最も広いユーザーを持つ。一方で、それがこれまでは紙をベースとしており、一番非効率であった。これがデジタルテクノロジーを通じてアップデートされることは、社会全体の生産性向上やそのあり方自体を変革することにつながる。そして、これを実現するには、行政サービスを提供する行政組織自身が変革されなければならない。強い意思を持ち、適切な戦略の下で行政のデジタル化を実行することができれば、大きな変革を起こ

すことができる機会が現在の行政官の仕事にはある。

　以下では、自らが関わった経済産業省での取り組みを振り返ったうえで、行政組織に対してどのような考え方、手法のアップデートが必要なのかを整理してみたい。デジタル化を進める行政組織にアップデートするために必要なサービスデザイン思考とアーキテクチャ思考という2つの考え方がどういったものなのか説明し、それらの考え方を実践するうえでの方法論についても代表的なものを紹介する。さらにデジタルサービスを開発するうえでどのような組織づくりが必要なのかについても整理する。これまでの行政の概念を塗り変え、ともにあるべきデジタル社会を実現するための旅に踏み出そう。

　　2021年9月

　　　　　　　　　　　　　　　　　　　　吉田　泰己

目次

Chapter **3**

経済産業省DXの取り組みが 目指してきたもの、達成できていないもの

Chapter 6
行政デジタルサービスを開発するための3つの手法

Chapter 7

IT企業のような
行政組織を目指す

Chapter 8

新型コロナウイルス感染拡大で見えた
行政サービスの課題

Chapter 9
目指すべき
Government as a Serviceの方向性

Epilogue エピローグ
デジタルコンフィデンスを持って
行政をハックするために

Prologue プロローグ

デジタルテクノロジーで
行政の「当たり前」を変えよう

私は、2017年7月から経済産業省の情報プロジェクト室で行政サービスのデジタル化の取り組みに従事してきた。その直前の2年間は、シンガポール、アメリカの留学を経験し、新しい考え方を学び、さまざまな国の友人と交流することで、行政組織のフレームから外れて客観的に日本の行政のあり方を見直すことができた。

　そのときに強く感じたのは、日本の行政組織は現状にとらわれすぎていて、根本的な仕組みのアップデートがなされてきていないのではないかということだった。
　特にシンガポールの行政官たちは、英語、中国語が公用語となっており、東洋、西洋の最新の技術トレンドやコンセプトを翻訳することなく直接理解し、それを自国にあわせてすぐに実行に移すアジリティ（俊敏性）を持っていた。政策に不備があってもそこから学び、すぐに修正していくことでよりよいサービスを追求していた。

　しかしこのような行政組織の姿勢は、かつて日本が高度経済成長までにとってきたそれではなかったのか。アジアの各国政府は日本の敗戦後の経済政策をベンチマークし、それを自国の政策に柔軟に取り入れている。日本の行政も、他国の近代的な政策から学ぶが、それを実行するという機能が衰えていったのではないか。

　そして現在、デジタルテクノロジーの進歩が等比級数的な速さで進むなか、現状維持を前提としたあり方では日本だけが後進国になりかねないという強い危機感を抱いている。この現状を変えるには行政組織の構造的な変革がもたらされなければ難しいというのが私の立場だ。
　それを実行するのであれば、デジタルテクノロジーを行政に取り入れるということが前提になっていなければならない。留学中の人事面談で

「自分はデジタルガバメントに関わる仕事がしたい」と言ったことを覚えている。帰国後、その業務に携われたことは自分にとって幸運だったが、留学中に学んだことをさまざまな形で実践してきた。

行政をデジタルテクノロジーでハックする

留学中にアメリカ・マサチューセッツ工科大学（MIT）のキャンパスツアーに参加する機会があった。現役の大学生がアルバイトでMITのキャンパスを一般の観光者向けに案内する内容のものだ。

彼らが言っていた言葉が今も自分のなかに残っている。「MITにはハックのカルチャーがある」ということだった。

ハックとはコンピューターのハッキングなどサイバー犯罪を想起させることが多いが、もともと「ハックする」とは、ソフトウェア開発においてさまざまな制約があるなかで、これを創造的なプログラミングで乗り越え、劇的な改善をもたらすことを指す言葉だ。

現在では創造性を通じて現状のあり方を劇的に改善することを、一般的に「ハックする」という言葉で表す。「ライフハック」という言葉を聞いたことがある人もいるかもしれないが、これも創造的な工夫で生活の不便を劇的に改善する方法のことを指す。

MITのキャンパスツアーの話に戻すと、案内する学生によれば、MITのコミュニティに属する人たちは自分たちがテクノロジーの活用を通じて社会を前進させるために貢献するカルチャーが共有されているということだ。意気揚々と語る学生の姿に、自分も感銘を受けた。そして、そのような社会的な使命というのは行政組織に求められているものと同じだとも思った。

多くの企業やNPO（非営利団体）、NGO（非政府組織）、アカデミア

といったさまざまな組織には、掲げるミッションがある。そのミッションの多くは、われわれが住む社会をよりよい場所に前進させることが目的だ。しかしながら、その目的が行政組織にあまり期待されなくなっていないだろうか。社会を前進させる役割はテクノロジーを扱う民間企業の仕事で、行政組織はそれを管理するだけだと思っていないだろうか。

　行政こそがハックされなければ、社会の変革は遅くなっていってしまう。行政の仕組みをハックし、より社会の前進を進める責任は行政組織自身にもあり、外部の組織の助けも借りながら進めていかなければならない。

　私が留学中に勉強したいと思っていたのは、日本の企業、特に日本のスタートアップがグローバルに成長する道筋を描くことを政府がどのように支援できるのかということだった。

　デジタルテクノロジーの普及とアジア経済の成長が同時進行するなかで、日本の起業家がアジアのスタートアップエコシステム（生態系）につながっていく導線を描ければ、日本から、よりグローバルに成長し社会の発展に寄与できる企業をサポートできるのではないかという仮説を持っていた。

　デジタルテクノロジーをベースとした新しいサービスが既存のビジネスモデルを陳腐化させ、一気に産業構造を変えることを「ディスラプトする」というが、留学時はまさにそういった状況が世界レベルでセンセーショナルに起きていた。Amazonによって小売業界が、Uber（ウーバー）によってタクシー業界が、Airbnb（エアビーアンドビー）によって宿泊業界が変革されているところだった。

　こうしたなかでシンガポールでは、リー・シェンロン首相が「スマートネーション」というイニシアティブを掲げ、GovTech（政府技術庁）

という行政デジタルサービス専門の行政組織を立ち上げていた。その後、すさまじいスピードで行政サービスのデジタル化が進行し、衝撃を受けた。それはシンガポール政府の合理主義や能力主義に支えられているものだが、ITスタートアップ並みのスピードでさまざまなプロジェクトが進行していた。

　こうした状況を目の当たりにし、自身も行政組織にいるからこそ、もっとダイレクトに変えられるものもある、それは行政のあり方そのものではないかと考えるようになった。さまざまな産業がハックされていくなかで、なぜ行政だけがその例外たりえるのだろうか。行政こそがテクノロジーでハックされるべき存在ではないか、と。

　シンガポール政府が抜本的にこのような取り組みを進めた背景には、行政サービスこそが使いやすい形になっていなければ、市民が豊かな生活を送れない、国際的なスキル人材の集積においてもマイナスであるといった判断がある。行政が非効率な組織であり、行政サービスが「お役所仕事」であるという状況を覆すことこそ、社会に大きなインパクトを与えるものだと判断したのだ。

日本人のなかにある
行政に対する「当たり前」を変えよう

　アメリカでは行動経済学の授業をとっていた。人間にはさまざまな偏見、固定観念があり、経済学における合理的な行動をとる存在ではないという前提の下、いかにより効果的に施策を実現するかということをさまざまなケースを通じて学ぶというものだ。

　行動経済学を活用して行われたイギリスのケースには、税務申告のレターに「ほとんどの人は申告しています」「あなたはまだ申告を行っていない数少ない1人です」といった文章を入れたことによって、申告者が

6.8%増加した、というものがある*¹。

　「当たり前」とされているものの多くは、認知バイアス、偏見の結果であるとされる。

　われわれは、メディアや人との会話等から日々さまざまな情報のインプットを受けている。それらを毎回最初から理解しようとすると非効率だ。だからこそ記憶するという機能が人間にはあり、その記憶の定式化こそがわれわれのなかにある「当たり前」を構成しているのである。

　人々の「当たり前」の最大公約数のことを「常識」と呼ぶが、これは特定の社会コミュニティで共有されている偏見であるともいえる。それがコミュニティの特徴や共有する価値を形成するものであり、一方で偏見をもたらしているともいえる。宗教問題や国家間紛争の多くはこうしたコミュニティ間の偏見のぶつかり合いであり、コミュニティの「常識」は人々の対立行動を促すほど、われわれの考え方に強い影響を及ぼしている。

　たとえば、「行政組織は非効率であり、行政サービスは市民のニーズを満たしていない」というのは世界共通の「常識」だといえるだろうか。おそらく、常識とはいえないだろう。シンガポール政府では毎年サービスに関する満足度調査を行っているが、2020年は85%が「行政サービスに大変満足している」と回答している*²。アンケート回答者の偏りなどはあるかもしれないが、行政組織の提供するサービス水準によってその国全体での行政サービスの利便性や行政組織に対する信頼感に関する「常識」は当然違うだろう。

　翻って、わが国においては、「行政組織は非効率で、提供するサービスも不便である」というのが多くの日本人の「常識」になってしまっているのではないか。この日本人の常識を、行政サービスのデジタル化を通

じてひっくり返しにいこうということが、これから論じたいことだ。

　ディスラプションという言葉は、既存産業の側にとっては自分たちの職が取って代わられるといったネガティブなイメージを与えるが、社会全体で見れば、テクノロジーの活用を通じてそれだけユーザーのニーズに応える形で利便性が高まっているポジティブなことと捉えることができる。社会がデジタルテクノロジーによってハックされた結果がディスラプションであるといえるのだ。

　行政をディスラプトするには組織のあり方や行政官の考え方自体も変革しなければ実現しない。なぜなら、これらが変わらなければ行政官の行動は大きく変わらず、その結果として「行政の非効率と行政サービスの不便」は維持されるからだ。われわれが市民のために何が必要か考え、利用しやすい政策・サービスを届けることにフォーカスするためにも、こうした状況を変えていく必要があるだろう。

　実社会の変化の方向性、今後の技術トレンド等の理解も不可欠である。これを理解しなければ、間違った理解の下に力が注がれ、さらに状況が悪化してしまうことも起こりうる。

　ここから、現在の行政組織が抱えている課題をまとめたうえで、ではどのような形で行政のデジタル化を進めていくべきか、どんな考え方が重要となるか、行政組織はどのように変化し、その結果としてどんな行政の姿が望まれるのかについて論じていく。

*1　　　　　*2

Chapter **1**

行政組織、行政官の置かれる
環境と役割の変化

行政官のモチベーション低下とその構造的要因

　行政のサービスと聞くと、「お役所仕事」という言葉に代表されるように、スピードが非常に遅い、対応が悪い、決まりに従った対応しかできない、融通が利かない……といったネガティブなイメージを思い浮かべる人が多い。これは前述のとおりである。

　そのような行政サービスを提供する行政組織についてはどんなイメージを持つだろうか。

　「お上」という言葉に代表されるように、何か偉い人たち、エリート官僚といった市民との対比における上下関係をイメージする人がいるかもしれない。また、お役所仕事の原因になっている縦割り組織、法律を中心としたルールを司るお堅い組織、年功序列で上下関係が厳しい組織、リスクをとらない組織などのイメージを持つ人もいるだろう。ルールをつくるために深夜まで残業しているかわいそうな人たちというイメージもあるかもしれない。

　中央官庁や自治体の行政官たちは、多くの人が抱くこのようなイメージを、メディアなどの報道から当然認識しているだろう。

　ではそれはわれわれ行政官たちにとって望ましい状況なのだろうか。もちろんそんなはずはなく、批判を受けず、市民に感謝してもらえるようなサービスや政策を届けたいと思っているはずだ。多くの行政官は、中央官庁に入省したとき、自治体に入庁したとき、市民の方々のために役に立ちたい、自分の自治体の市民の助けになりたいと思っているはずだ。行政官になろうというほとんどの理由は、社会の改善に貢献したいというモチベーションからの選択であるはずだ。

　他方で、現状の行政官という職業は、解雇されない、民間企業よりは

低い給与かもしれないが景気に左右されない仕事だという点で経済的に評価されている側面もある。それゆえ、新卒の就職人気ランキングでは引き続き上位に位置し、安定だけが得られれば仕事の内容が何であれ、これまでやってきたことを波風立てず、とりあえず淡々とやっておけばいいということもあるだろう。

　市民のためによい政策を届けようと思っていたとしても、現状の仕組みは決まったものだから変えられないと思っている人がいるかもしれない。仕組みが複雑になりすぎてしまっていて変えられない、組織のルールで変えられない、前例を踏まえれば変えられないといったことが頭をよぎり、気づけば、さまざまなしがらみのなかで変えられないことに慣れていってしまう。忙しいスケジュールのなかでやらなければいけないことに忙殺されて、本質的な課題に時間が十分割けないといったことは、多くの行政官が経験したことがあるのではないだろうか。市民の役に立つといった当初の志が希釈されていってしまうといったことが起こりえる。
　それくらい、今の行政の仕組み自体が「レガシー化」している可能性がある。

　結果として、市民のためによいサービスを届けたいというマインドだった行政官たちがだんだんとそのモチベーションを失っていき、とりあえずこれまでやっていたことを繰り返して、なんとか生活だけは維持しようという諦めの気持ちになっていくことが起きるのではないか。
　つまり、行政の「レガシー化」によって、行政手続が不便で市民の利便性を損なっているだけでなく、行政官自身が効率的に働けず、当初自分が思っていた社会への貢献を実現できるような機会が得られず、モチベーションや能力が失われていくといったことが同時に引き起こされて

いるのかもしれない。

　このような状況が生じている要因の１つとして、組織的硬直性および
それをもたらす人事制度による構造的要因があると思われる。一度就職
すれば終身雇用により解雇されないという前提が、業務の過剰や多くの
しがらみとあわさることで諦めを生み出してしまっているのではないか。
　また、年功序列の仕組みや、外部からの人材登用の少なさは、創造的
に物事を解決しようとする人を評価しない組織をつくりがちだ。さらに、
それぞれの部署においてどのような成果を出せば評価されるのかという
KPI（業績評価の基準となる指標）やOKR（達成目標と主要な成果）が
明確化されていないと、意欲ある行政官が路頭に迷ってしまう理由にな
りうる。

　中央官庁の場合、各省庁での採用により、その省庁に対する忠誠心が
ついて回ることが縦割り構造を助長し、さらに創造的な政策の実施を妨
げている。
　中央官庁において、現在の人事制度は２〜３年程度でジョブローテー
ションが生じるような仕組みとなっている。これは行政官と関係する外
部関係者との癒着等を防ぐことが主な目的であるが、他方でこの人事制
度は非効率な側面もある。何かを成し遂げようと思ったときに、実際に
２年程度でできるのだろうか。スタートアップを見てみても、分野には
よるが、１つの事業を形にして世の中に大きなインパクトを与えるレベ
ルまで成長させるには５年程度はかかるだろう。行政分野によってはこ
うした人事制度を柔軟化していくことも必要だろう。

行政官は価値のない職種になってしまったのか

　労働市場は、私が経済産業省に入省した2008年のリーマンショック以降、大きく変化した。

　スマートフォンやタブレットを通じてオンラインサービスの民主化が進み、クラウドコンピューティングやAIの進化によって、前述のとおり既存の産業のビジネスモデルがディスラプトされ、昨日まで潰れないと思っていた大企業が経営難に陥るといったことも起きている。

　ビジネスの不確実性が高まるなかで、優秀な学生の就職先も、大企業からコンサルティングファームなどのプロフェッショナル職、スタートアップ、起業などが選択肢に入ってきている。つまり、これまで中央官庁や自治体が採用のターゲットとしてきた人たちの意識は変わり、この時代の不確実性を乗りこなすには、どんな環境でも通用するスキルセットを身に付けるか、変化に身を委ねることが最適な選択肢だと考える人が増えている。

　今も昔も、公的な使命感を持って人のために役に立つ仕事がしたいと考える人は多くいると思う。かつては公務員にならないとそのような仕事ができないと思っていたことが、NPO、NGOだけでなく、民間企業に身を置くなかで実現することも可能になってきている。

　このような背景のなかで、公務員になるという選択肢は相対的に随分価値が低下してきたのではないか。

　私も10年以上行政官として経済産業省で働いてきたわけだが、辞めたいと思ったことは数多くある。

　入省1、2年目は法人税制を扱う部署に配属されたが、そこで行っていたのは議員事務所へのアポ取りと資料のコピーがほとんどだった。上

司が議員の先生のところに説明に行くアポイントメントを取る、省内の研究会や党の税制調査会などに持ち込む資料をコピーして届ける、各業界団体が作成する税制改正の要望を整理して共通した要望項目にどれだけの業界団体が要望しているかを資料にまとめる（電話帳と呼んでいた）といったことをひたすらやり続ける。右も左もわからないまま、まずは目の前のことをこなすことで精いっぱいだった。おそらく、多くの行政官が同じような経験をしたことがあるはずだ。そして、私と同じように、こうした仕事につらさを感じたことがあるのではないか。

「自分の考える政策で世の中を前向きに変えたい」という入省前の志がこうした経験の繰り返しのなかで折られていってしまう。本当に自分の仕事は世の中に役立っているのかという自問自答のなかで、辞めたいという気持ちにつながっていく。実際に、そうした葛藤のなかで辞めていった同僚を数多く見てきた。なぜ、民間企業では分業やITによる自動化が進んでいる作業をこんなにも非効率な方法で実践しているのか。自分の１つひとつの単純作業も最終的な政策の意思決定のピースとして必要であることは理解していたとしても、これらをなぜ自分がやらなければいけないのかは納得できず、行政官を辞めるという選択につながってしまう。

データの整理、可視化に関する負担

同じく役所の仕事で私が辟易していたものの１つに、データの集計と可視化がある。

データの集計については、そもそも集計するデータのフォーマット（全角・半角や単位など）が違う、データ提出元の組織がバラバラであるため、各提出データが同じ前提の下で取得されたデータなのかわからないといったことが課題となる。

正しい形でデータを集計するには、共通のルールの下に集計されていなければならない。東日本大震災発生時、私は内閣官房に出向しており、各電力会社の電力供給能力と電力需要のデータを整理し、そのギャップがどれくらいあるのかを示す役割を担っていた。その数字が節電目標などを立てる基準になるのだから、非常に正確な集計が求められる。

　一方で、元となるデータは資源エネルギー庁などを介して、さまざまな形で私のところに届く。これをきちんと同じ形に整理して表にまとめていくのだが、当時、そのデータを集計するのに非常に多くの時間を割かなければならず、こうしたデータがいつでも同じ形で引っ張れるように整備されていれば、もっと効率的に作業ができるのにと思っていた。

　その後、資源エネルギー庁に異動するのだが、そこでは石油製品（ガソリン、灯油、軽油など）の需要見通しを作成することが業務の１つだった。そのときもデータが標準化されておらず、それを可視化するツールがエクセルしかないことで苦戦していた。エクセルのグラフ作成機能で、今後５年間の各石油製品の需要見通しを表現しようとするのだが、項目の表示などをわかりやすく見せるには非常に多くの手間がかかり、数時間を要することもあった。データを市民にわかりやすく示すことが重要な一方で、今では数分でデータを可視化するITサービスがあるなか、ツールの制約によって表現に時間がかかってしまうこと自体、時間が浪費されているように感じる。

　こうした行政組織の生産性の低さはテクノロジーの活用によって改善可能だ。業務におけるデジタルテクノロジーの活用を前提とすれば、組織として人的リソースをもっと使いこなすことが可能となるはずだ。そして、このままテクノロジーを活用しない非効率な業務環境が続けば、今後行政官になりたいと思う人がいなくなるのではと感じている。行政組織でなくても公に貢献する仕事はできる、しかも現在の行政組織のよ

うに非効率な働き方をしなくても。こうした現状が実際に国家公務員志望者の減少につながっているのは周知のとおりだ。

であれば、行政組織、行政官の役割は終わったのか、そんなことはないと私は思う。

行政が持つ所得の再分配の機能は社会の安定性を保つために必要だし、社会的規範を構築する機能は日本国という「コミュニティ」を円滑に運営していくために引き続き重要である。一定の役割を行政組織が果たしていくだろう。

ただし、これまでの定型的な法律の制定や、補助金、税制の創設だけで世の中にアプローチしていくことは難しくなっているかもしれない。むしろ、これまでの制度を見直し、不要なものをなくしていく、社会の変化により早く適応するための合意形成をつくり上げることができるメカニズムや、技術の発展にあわせた行政サービスの利便性を高めることの重要性が増している。

前述のとおり、企業によるデジタルテクノロジーの社会実装を通じて産業の境界はあいまいになってきている。金融サービスをeコマース企業が提供し、シェアリングサービスが公共交通や宿泊業を代替するといったことが生じている。

このような産業構造の変化は、業種単位で見ていたルールを産業横断的な視点で再編することが必要とされるし、関係するステークホルダーの合意形成過程もこれまでとは大きく異なるはずである。また、日々の生活において、デジタルデータを中心にさまざまな取引が行われるのであれば、行政組織もそのデータを行政サービスで活用できるようにしていくことが市民と事業者の利便性向上の観点からも重要である。

今、われわれ行政官に求められているのは、こうした社会構造の早い変化にあわせて新しいルール形成の手法やコミュニティの醸成を行うこと、そして社会活動のベースとなるデジタルインフラを整備することではないのか。このような役割の変化を実現するには行政官に求められるスキルセットも異なってくるはずだ。

行政官が行わなければならない仕事とは

　行政が行うべき仕事は同じ制度を維持することではない。世の中の変化にあわせて新しい社会ルールやコミュニティをデザインしていくことだ。急速な社会構造の変化は摩擦を起こし、社会混乱をもたらす。たとえば、デジタルテクノロジーによってディスラプトされる産業では、雇用維持のために大きな業界団体を通じた反発が起きうる。デジタルテクノロジーに対応できない方々、あるいは慣れ親しんだ生活の変化を強いられる方々にとってその導入に反対したくなることは自然である。だからこそ、行政組織はその変化を予見し、そうした方々に思いやりを持ちながら摩擦を和らげるための合意形成を進め、ルールを整備することが非常に重要になってくる。

　テクノロジーの発展と社会実装が、かつてより非常に早いサイクルで、しかも大きなインパクトを与えることとなる。行政官はその内容を理解し、迅速に関係するステークホルダーとともにルールを形成していくことが非常に重要な役割となる。

　現在の行政官の仕事というのは未来志向であり、創造的であり、アジャイル（俊敏）であるべきだ。

　行政組織のあり方が変われば、今こそ能力のある人材が新しい社会構造のデザインに貢献できるチャンスが得られるはずだ。現状を変えられ

ないと言って諦めるのか、変えていこうとするのか、今の行政官には大きな決断が求められている。

　人口は減少するが、高齢者は増加し、公務員の数は減少していく。テクノロジーはさらに速いスピードで変化していく。テクノロジーの活用を前提とした行政の役割、行政組織のあり方自体を見直すことが非常に重要だ。

　市民にとって、社会にとって役に立つこととは何かをもう一度中心において、テクノロジーを活用して政府のあり方を変革しようという考え方を、政府・自治体の行政官は持つべきだ。行政に対する「硬直的、非効率、スピードが遅い」といった屈辱的な「当たり前」を今こそ返上し、本来果たすべき役割を目指すことが行政官に求められている。

シンガポール政府の雇用・人事評価制度

　私が留学していたシンガポールでは行政官のポジションはポスティング制度になっている。

　空いているポストに自分から申し込み、実際の現場で働く上司にあたる人からのジョブインタビューを通じて、お互いの期待が合えば採用される。ジョブポスティングは外部にも開かれており、民間出身者も申し込みが可能である。プロフェッショナル向けのSNSサービスLinkedIn（リンクトイン）を見れば、実際にこのような職種の募集が数多くかかっているのがわかるだろう。こうした民間人材の採用は、シンガポールに限らず多くの国の行政機関で行われていると、リー・クワンユー公共政策大学院の同級生から聞いた。

　業績についても明確なKPIを通じて評価される。経済発展庁（EDB）の場合は、ミッションが海外企業の対内直接投資であるため、職員がどれだけ民間企業から対内直接投資をもたらしたかの額によってボーナスが決まる。これは極端な事例かもしれないが、何らかの目標とすべき政策ターゲットに対して正当に評価されるのは重要なことである。

　当然、わが国にも行政官の人事評価の仕組みがある。が、明確な目標に対して定量的に評価することが重要であるにもかかわらず、人事評価やキャリア管理についてデータを活用できる体制になっていない。

　また、シンガポールでは癒着を防ぐために2つのことをしている。

　1つは、癒着が明らかになった場合、罰金や懲役5年〜7年等の厳罰を規定している。違反を犯したときの罪を非常に重く設定しているのだ。

　もう1つは行政官自体の給与水準を上げることである。シンガポール建国者リー・クワンユーは、マラヤ連邦から独立した資源もない小国が市民に対して豊かな生活を提供するためには、国家を運営する行政組織に優秀な人材を集めることが重要だとして、その給与水準も民間のトップレベルにあわせている。その代わり、彼らは厳しく評価され、パフォーマンスが出せなければ解雇されることもある。つまり、きちんとパフォーマンスを出さなければ辞めさせられるというプレッシャーがあるのだ。

　この点については、留学中、他国の行政機関で働いている同級生とも話したが、なぜ日本の行政組織には解雇する仕組みがないのかと逆に不思議に思われた点でもある。こうした海外の行政機関における人事評価や採用制度もベンチマークしながら変革を進めなければ、行政官がモチベーションを高められる仕組みは実現できないだろう。

Chapter **2**

なぜ行政のデジタル化を
進める必要があるのか

ユーザー中心のデジタルサービス

　なぜ、行政サービスのデジタル化が重要なのか。

　突きつめて1つだけの理由に集約するとすれば、それは「市民の行政サービスに対する満足度を高める」ためだ。行政組織が法令等のルールを司るのも、公的サービスを提供するのも、本来であれば、市民にとっての生活を便利にすることが出発点であるはずだ。

　デジタル技術はあくまで手段であり、デジタルトランスフォーメーション（DX）も何のためにそれを実現するのかを整理しなければ、その意義を捉えることはできないだろう。これは企業のデジタルトランスフォーメーションにおいても同じだ。

　まずは、なぜ行政のデジタル化が重要なのかという点に着目して論じてみたい。

　新型コロナウイルスの感染拡大のなかで、市民向けのマスク配布や特別定額給付金、事業者向けの持続化給付金の支給でも明らかになったように、ユーザーの視点に立たなければ本当に必要な人に、必要なものを届けられない状況に陥り、市民の行政サービスに対する不満は高まる。行政官自身がサービスプロバイダーとしてユーザーと向き合い、どうしたら利用しやすいサービスになるのかを考え、マインド自体をユーザー視点に変えなければいけない。これまでは書面を中心とした行政手続が標準だったが、今回の新型コロナウイルス対応でやっとその前提が変わりつつある。河野太郎大臣が行政手続の押印を不要化するために中央官庁に号令をかけたことや、平井卓也大臣を中心としたデジタル庁設立も新型コロナ対応が大きな契機となっている。一方で、行政サービスがオンライン化されておらず不便という市民の声は、それ以前からあったはずだ。それがこれまで変わってこなかったのはさまざまな理由があると

考えられる。

行政官の意識の「ズレ」

　まず、民間企業のサービスがオンライン化して便利になっているなかで、市民や事業者が行政にも同じクオリティを求めていることに、行政官が気づいていなかったことだ。

　行政官自身も、個人としては日常生活で利便性の高い民間企業のオンラインサービスを活用しているにもかかわらず、行政官という立場になった瞬間、そのことを忘れてしまい、自分たちのサービスの質を省みることをしていない。

　1990年代からインターネットの普及が進み、eコマースも2000年代前半に浸透しはじめた。Amazonが日本でオンラインによる本の販売サービスを開始したのは2000年である。また、インターネットにアクセスできる端末の民主化が2000年代後半から進んだ。（日本ではそれ以前にフィーチャーフォン（スマートフォンより前の世代の端末）向けの「iモード」があったが、PC並みのブラウザの利便性はスマートフォンで初めて実現した。）iPhoneが2007年に初めて発売され、iPadが2010年に誕生すると、その普及が一気に進んだ。2016年にはイギリスの人工知能（AI）開発企業、DeepMind（ディープマインド）社による囲碁AI「AlphaGo」がプロ棋士に碁で勝利したことからもわかるように、AI技術の利用は高度化し、eコマース、SNS等で個人向けサービスのパーソナライズ（個人に向けた最適化）に活用されている。

　消費者はこうしたデジタルサービスの使い勝手のよさに慣れてしまっている。内閣府の消費者動向調査の結果によれば、2020年のスマート

フォンの普及率は2人以上世帯では84％まで伸びている。このような状況下、その変化が自分たちの行政サービスとの比較においてユーザーである市民からどのように見られているかという認識が、行政官には薄かったと考える。

　そもそもの行政官のマインドとして、どんな複雑な手続きでも行政機関が手続きを用意すればユーザーである市民・事業者は使ってくれるという、おごりがあったのではないか。こうした姿勢が行政機関が「お上」と揶揄されるゆえんだろうが、複雑な手続きは行政が法律等でルールとして決めたものなのだから、市民・事業者がそれに従ってやればいいんだという押し付けにも近い形になっていた。

　一方で、そのような「お上」による想定は必ずしも正しくないことがわかる。たとえば、事業者の補助金申請をサポートするようなビジネスが存在するが、このようなビジネスが成り立つ背景は、そもそも事業者が自分で申請できるわかりやすいサービス設計になっていないことも1つの要因だろう。プロセスが複雑すぎるせいで、ターゲットとする事業者がその申請を諦めているとしたら、サービスの質が政策目的の達成を妨げているともいえる。

　これらを振り返ってみると、特に中央官庁の行政組織は、これまでユーザーの視点に立ってサービスを利用しやすくするということを十分してこなかった。対して、ユーザーである市民は、インターネットを中心とした利便性の高い民間サービスが普及するなかで、民間サービスと行政サービスのクオリティに大きなギャップを感じている。

　このギャップがフラストレーションとなり、今回の新型コロナウイルス対応の施策で、中央官庁による行政サービスのクオリティに対する批判があらためて表出した。市民が行政サービスに求めていることは、簡

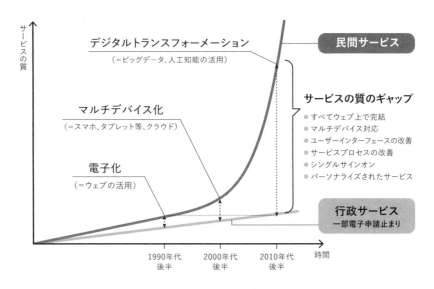

民間サービスと行政サービスの体験のギャップ

素で申請しやすいインターフェース（画面等のユーザーが接する部分）
やプロセス（作業手順）、申請情報がどういったステータスにあるかを
リアルタイムで追えるような透明性や処理の迅速性だろう。これらの課
題を解決するには、デジタルテクノロジーを活用したサービスのデザイ
ンが不可欠になってくる。一方で、そうしたサービス開発に関するノウ
ハウを持った行政官は現状では非常に限られていると言わざるを得ない。

デジタルサービスによるユーザー体験の向上

　市民がオンラインでサービスを受ける体験は増加している。スマート
フォンやタブレットの普及により、生活におけるデジタルのタッチポイ
ント（接点）の利用が増え、民間企業はそこでのユーザー体験を最適化
する形でサービスをデザインしはじめている。

サービスが選択され、継続してもらえるかどうかは、デジタルのタッチポイントでの体験にかかっていると言っても過言ではない。特にSoftware as a Service（SaaS、サース）と呼ばれるサービスについては、月額課金、従量課金が中心となるため、ユーザーにサービスが使い続けられるかどうかが、自分たちの売上を左右するのだ。この結果として、ユーザーに継続して利用してもらえるよう民間のデジタルサービスは非常に利用しやすくなり、市民が期待するサービス体験の要求水準は非常に高くなっている。公共サービスもこれらと比較されるのだ。

　特に現在の若い世代は、デジタルなタッチポイントでサービスを受けることが当たり前になっており、逆に、紙を中心とした手続き自体に適応できない人が出てくる可能性もある。

　テクノロジーの進化によってインターフェースに求める体験も変化していく。たとえば、認証（ログイン）はパスワード認証から顔認証等の生体認証へ、検索も文字入力から音声入力へ変わっていったように、今後も、ユーザーにより負担の少ない方法に変容していく。

　行政サービスもデジタル化が進まなければ、ますます市民の不満は高まっていく一方だ。デジタルサービスは、「あれば便利なもの」から「なくてはならないもの」に変わってきているのだ。

　中国では、アリペイ（AliPay、支付宝）やウィーチャットペイ（WeChat Pay、微信支付）といった民間のスマホ決済サービスのメニューからダイレクトに行政手続が行えるようなインターフェースを各都市で用意している。ご存じの方も多いと思うが、中国ではスマートフォンの普及とあわせてモバイルペイメントの利用が一気に進んだ。

　さらに、このモバイルペイメントがさまざまなオンラインサービスを接続できるような仕組みを用意しており、そのアプリ上からサービスにアクセスできる「ミニアプリ」の作成を可能にしている。このミニアプ

リの機能を通じて、国や自治体も住民サービスを提供することができる。このような環境は、ユーザーが役所のウェブページに訪問することすらを不要とし、しかもいつも使っている民間サービスから活用可能という点で利便性が高い。つまり、よりユーザーに近いタッチポイントでサービスを提供することがユーザーの満足度向上につながる。中国については、国家による個人情報管理に基づいた監視社会を民間企業にデータ提供を求めて行っているといった側面もあるかもしれないが、ユーザー体験の向上という観点からは学ぶべき点も多い。

　同様の取り組みは、日本でもLINEなどが進めている。自治体と連携し、市民向けの情報発信をLINEのアカウントを通じて行っている都市として福岡市が有名だが、防災、ごみの日、子育て、防犯・交通安全、イベントなどの情報を発信するほか、粗大ゴミの申込や、学校の給食のアレルギー情報、休校情報なども見ることができる[*3]。また、LINE Payを通じた地方税の支払いも可能となっている[*4]。LINEのサービスについては中国の開発会社で個人情報にアクセスできる環境になっていたことが問題となったが、個人情報保護に配慮しながら、官民のサービス連携を通じてユーザーの利便性を高める努力は依然として重要だろう。

　一方で、デジタルなインターフェースは、リテラシーが低い高齢者や障害を抱える市民はサービスにアクセスできなくなるのでは、といった声もあるかもしれない。しかしながら、サービスへのアクセス方法自体もテクノロジーでより高齢者にもやさしくすることが可能になるのではないか。テクノロジーの進歩により、人がテクノロジーにあわせるので

*3　　　　　*4

はなく、テクノロジーを人の動作にあわせていくといった発想もあるはずだ。たとえば、音声認識の技術を使いAIエージェントと対話しながらサービスを受けることができたり、ビデオチャットを通じて面談したりすることで、より柔軟なサービスのインターフェースデザインが可能となる。このような方法なら、高齢者にとっても、書面にいちいち文字で記載していくより楽になるはずだ。デジタルサービスの利用をサポートする、人によるデジタルデバイドへの対応も必要なのだが、テクノロジーによってギャップを乗り越えるといった発想も重要だろう。

業務のデジタル化によるサービス提供の迅速化

　多くの人がこれまで経験しているとおり、書面や対面での手続きは時間がかかる。なぜなら、さまざまな手続きに必要なデータが紙というアナログな形式だからだ。アナログなデータは、人間が目視で確認し紙に記入して出力し、それを物理的に手渡ししていくことで確認プロセスを回していく。間違いがあれば、申請者は、申請様式を再提出する必要がある。郵送なら短くても２、３日はかかり、対面であれば平日の９時〜17時と決められた時間に役所を訪問しなければならない。人間が作業するのでヒューマンエラーも起こる。

　これが、中央官庁、1,700以上の自治体、独立行政法人などで発生している状況を想像してほしい。途方もない数の人がこのために時間を費やしている。

　このプロセスをデジタルに置き換えるとどう改善できるのか。

　まず、「申請様式」という概念はなくなり、「申請フォーム」に置き換えられる。この２つのあいだには大きな差がある。前者は書面上で項目に分けられていても自由に記載が可能なのに対し、後者では決められた

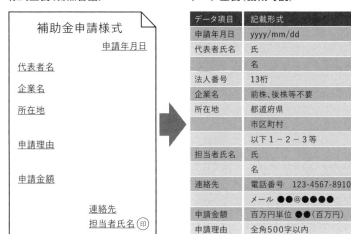

様式主義（自然言語）

補助金申請様式

申請年月日

代表者名

企業名

所在地

申請理由

申請金額

連絡先
担当者氏名 ㊞

データ主義（機械可読）

データ項目	記載形式	入力欄
申請年月日	yyyy/mm/dd	
代表者氏名	氏	
	名	
法人番号	13桁	
企業名	前株、後株等不要	
所在地	都道府県	
	市区町村	
	以下1‐2‐3等	
担当者氏名	氏	
	名	
連絡先	電話番号　123-4567-8910	
	メール ●●@●●●●	
申請金額	百万円単位 ●●（百万円）	
申請理由	全角500字以内	

様式主義からデータ主義へ

データ形式に、決められた規則に従って入力するという制御がかけられる。後者の場合は誤った入力は、ユーザーに規則に従った再入力を求めることができるため、データが一定のルールに従って整理される。

　また、インターネットなどのネットワークを通じてデータをシェアすることが可能となるため、物理的な人や物の移転によるプロセスが不要となる。つまり、データ入力におけるヒューマンエラーの排除やデータ転記の手間などを減らすことができる。

　このように、書面主義からデータ主義へ転換することで、①データの管理が容易になり、②物理的な書面の管理が不要となり、③プロセスの人の介在を減らすことが可能となり、処理にかかる時間を大幅に短縮できるのだ。

　この際、データ項目の定義や入力規則を十分精査したうえでITシステ

ムの導入を行っているかどうかで、その時間短縮の効果も大きく違って
くる。

　データが決まった規則で管理されていれば、④プログラムや人工知能
を通じてその処理を自動化することもできるようになり、さらなるサー
ビス提供の迅速化が実現する。提供されるサービスが迅速化すれば、そ
のぶんユーザーの待ち時間が短くなり、満足度の向上につながる。

データを活用したサービスの最適化・付加価値向上

　さまざまな行政サービスがデジタルで提供され、これらのユーザーに
関するデータが蓄積されれば、そのデータに基づいて既存のサービスや
政策の課題を理解することができる。

　まず、申請手続きを途中でやめてしまったユーザーの離脱の傾向から、
サービスのインターフェースに関する課題を見つけることができ、サー
ビスの使い勝手を改善することができる。また、補助金申請の場合、た
とえばユーザーの属性情報（業種、規模）や補助金の利用内容の関係性
に関するデータ分析を通じて、次は、どのような事業者のどのような投
資対象に補助をしたらいいかという政策の検討につなげることができる。
加えて、機械学習等の活用を進められれば、事業者の属性にあわせた支
援施策のリコメンデーション（おすすめ）などが可能になる。

　こうしたデータの利活用は、ITサービス企業がすでに行っていること
だ。ユーザー離脱はITサービス企業にとっては死活問題である。前述の
とおり、インターフェースの使いやすさによってユーザー課金の成約確
率が変わり、実際の売上にダイレクトに響く。企業は、ABテストなど
を繰り返してユーザーの反応にあわせながらインターフェースを最適化
させ、売り上げを最大化させることを目指す。つまり、データ分析に基

づいて、インターフェースのデザインを決め、ユーザーの利便性を高めるのだ。

　また、ユーザーの属性情報の分析は、デジタルマーケティングにおいて重要となる。どのような属性を持つ消費者に広告を打つべきか、商品のブランドイメージを誰向けに設定すべきか、商品の特徴をどのように設定すべきかなどに影響を与える。これらを行政に当てはめれば、「政策」という商品をどのようにデザインし、誰に届けるべきか、ということと同じである。また、AI等を活用し、リコメンデーションを通じてもっと多くの商品を消費者に買ってもらう、マッチングの効率を高めるといったことも、民間企業では一般的に行われている。

　データ活用のもう1つの方向性はサービス間でのデータ連携である。住民情報や事業者の基本情報などは、ユーザーにとって何度も入力する手間が大きな負担である。これらのデータを行政側できちんとデータベース化し、さまざまな手続きサービスの際にそのデータが参照可能となっていれば、ユーザーが何度も入力する必要がなくなる。デジタル庁の掲げるシステム整備のなかでもベース・レジストリ（社会基盤となる基本情報）の重要性について述べられているが、これは住民情報や事業者の基本情報などを社会的な基本データとして整備し、その基本データを参照する形に行政システムのアーキテクチャを変えていくことで、重複したデータの保有や入力をやめようという方針があるからだ。一方で、データ連携については、ユーザーである市民が、自分のデータをどの行政機関に共有するか選択・管理可能な仕組みや、データ共有ルールの整備等を通じてデータ利活用の透明性を高めることも大切になってくるだろう。

行政組織の縦割り構造による弊害

　ユーザー視点に立った場合、中央官庁も自治体もどんなに主体が異なっていようと、市民にとっては行政サービスを提供する「政府」という1つの主体として見られている。どの省だろうが部署だろうが関係ない。必要なサービスを必要なときに、簡易に受けられることだけが、ユーザーである市民の期待である。その一方で、中央官庁も自治体も、各部署での自分の役割以外は責任の範囲外という考え方が根強い。結果、ユーザーである市民は部署をたらい回しにされ、不満が高まる。これは組織的なあり方に関する要因と、プロセスデザインに関する要因の両方が影響している。

　まず、組織的な要因としては、中央官庁の行政官は、採用された省庁が自分の所属する行政機関だという意識が強いことが大きく影響を与えていると言える。省益という言葉があるのが最たる例であり、自分が所属する省庁の利益をいかに守るかが重要視されているのだ。

　しかしながら、ユーザーの視点に立てば、そもそも省益というものにこだわっていること自体が意味をなさない。政府全体としてどのようなサービスを提供すればいいのかについて、共通化すべきサービスや関連するサービスを考え、統合、再編することが必要だ。そのうえで自分の所属する省庁がどういった役割を担うのかを考えなければいけない。

　行政官は、各省庁に所属するという帰属意識の前に、日本国政府に所属していることを意識しなければいけない。現状を変えるには、ユーザーの利便性という視点をもって、各省庁で重複する機能を持つ部署やサービスを見直し、社会構造が変わった際に関係する部署間がいち早く連携できる形にすることが望ましい。自分が所属する省庁に対する忠誠よりも、政府全体にとってどのような役割を達成するかという視点に

立った人事設計が重要だろう。

　プロセスデザインの要因としては、ユーザーの体験を考えずに、それぞれの手続きがそれぞれに窓口を設けていることによって、どのようにサービスにアクセスしたらいいのかわからないという事象が生じている。加えて、複数の部署からの文書の入手、提出といった行為が、ユーザーに混乱をもたらしている。つまり、縦割りの行政組織側の都合によってプロセスが組まれているために、ユーザーにとっては不便になっているということが多く存在する。行政手続に必要なデータが電子化されており、行政組織間で共有されていれば、行政内部でそのデータを確認すれば済むものが、現状は、ユーザーに一方の行政組織の証明書を紙で入手させ、他方の行政組織がその証明書を受け取るというプロセスを通じて、データをやりとりする負担をユーザー側に寄せている。手続きで必要な添付書類の多くはこうした事情から生じている。

重要なのはデジタルサービスを提供できる能力を持つ組織への変革

　行政サービスのデジタル化は、ユーザー体験の向上によるサービスの使い勝手の向上、デジタルデータを前提としたプロセス見直しによるサービス提供スピードの迅速化、データ利活用による最適化を通じたサービスの付加価値向上の3つの点から、ユーザーである市民・事業者の満足度向上につながる。行政に限らず、民間サービスのデジタルトランスフォーメーションが目指しているポイントも、この3つに集約できると考えられる。
　言葉にするのはたやすいが、これらを実現するには、行政官自身がサービスデザイン思考、アーキテクチャ思考の2つを理解することが重

要になる。最新のテクノロジーを活用して実際にサービスを実装できる人材、組織がなければ、デジタルトランスフォーメーションは実現しない。テックジャイアントであるGoogle、Amazon、Facebook、Apple、Microsoftなどはこうした人材・組織を高いレベルで備えている。そして、デジタルサービスを提供するすべての企業は、最終的にはどんな業種であれ、上述したような能力を持つ組織を構築できなければ、ユーザーが満足するようなサービスを提供することができない。一方で、政府は民間のプラットフォーマー以上に個人の権利を保障する信頼性の高い組織であることが求められる。

　行政組織がデジタルトランスフォーメーションを実現するには、ITサービス企業のような組織に変革しなければならないだけでなく、デジタル社会において信頼される組織でなければならないということを意味する。そのためには、旧来型の行政組織のイメージとまったく違う組織デザインやカルチャーの形成が重要だ。現在の行政組織に身を置くわれわれ行政官がそのことに気づき、考え方をシフトしなければ、どんなにすばらしい将来のビジョンを描いたところで絵に描いた餅になってしまう。デジタルサービスを中心に置き、行政官自身のデジタルリテラシーを高めるとともに、さまざまなスキルを持つITプロフェッショナルや外部ベンダーと柔軟に連携が可能な組織が求められる。そこに至るまでの壁をいかに乗り越えるのか、行政組織が自己改革できるのかが問われている。

　デジタルトランスフォーメーションは、テクノロジーの問題である前に、まずは組織やそこで働く人たちの考え方を変革することが重要なのである。システムのレガシー化の前に、組織、カルチャーのレガシー化に手を打たなければいけない。

　レガシー化している組織、カルチャーをアップデートするためには新

しい考え方やマインドセットを持ち込むことが必要だ。前例踏襲で同じことを繰り返してきたことの結果として、時代の変化に対する不整合が見過ごせないレベルで生じている。そして、海外から最新の事例や思想は入ってくるものの、それが既得権益に配慮するあまりに変えられない、変化による失敗のリスクを受容できない現在の組織やカルチャーがその導入を妨げている。こうした現状を直視し、見直すことを行政組織全体で取り組まなければいけない。

経営学の視点から行政の課題を見直してみる

　MBAでは、数多くの企業がいかに経営課題を解決し、成功につなげたかのさまざまな事例（ケース）を学ぶ。そこから得られる知恵は非常に大きい。行政官のなかでも同様に海外留学でMBAを取得する者も多いはずだが、それを行政組織に当てはめて見ている人はおそらくほとんどいないのではないだろうか。

　企業の目指す最終的なゴールと、政府が目指すゴールは一致している。それはどちらも「市民（＝消費者）を満足させる」ことだ。

　企業の目標は利益を上げることだと言う人がいるかもしれないが、利益が上がる理由は何か。それは、企業が提供する製品・サービスが、消費者がお金を支払うだけの満足を提供しているからだ。

　市民が満足する公共サービス、価値を提供することが行政にも求められている。行政機関はそれを満たしていないから、市民から前述したような残念な評価、イメージを持たれてしまうのである。企業は消費者が満足する製品・サービスを効率的に提供するためにさまざまな工夫をしている。

　その工夫から行政が学ばなければいけない点がいくつもある。いくつかの経営における要素の例を行政に当てはめて説明してみたい。

1. オペレーション

　企業ではコストをなるべく低減するために一番効率的に業務を達成する方法を考える。トヨタ生産方式などが有名だが、無駄な作業をなくし、製品・サービスを必要なときに必要なだけ届けるプロセスデザインを試行錯誤している。製造業では、原料の使用率や製造機械の稼働率など物的資本をいかに最適化するかが注目される傾向にあるが、労働資本の最適化はどんな業種においても必要となる。人がいかに効率的に働いているかを定量的に評価し、プロセスの改善を繰り返すわけだ。

　一方で、行政組織における業務では、前述のとおりこの観点が非常に弱い。1件当たりの業務処理に職員のどれだけの時間が利用されているか、市民が必要なときに必要なサービスが届くようにオペレーションが組まれているかはあまり注目されていない。中央官庁で生じている残業も、少なからずこのプロセスの非効率が影響しているのではないかと思われる。

２．マーケティング

　企業では、商品を売る際にターゲットユーザーはどういった属性の消費者か、どのチャネルでどれだけ訴求するか、その製品・サービスの売りは何かなどを整理したうえで、消費者により高い確率で商品情報を届け、さらに購買までつなげるといった方法を工夫している。このためには、消費者が普段何に触れ、どこでその商品を知るのか、どういった製品・サービスだったらより使いたいと思うのかを理解する努力が必要となる。

　行政サービスの多くではまだこのような考え方が十分浸透していない。たとえば、支援制度はどういった属性のユーザーを対象にするのか要件は決められているものの、その支援が本当にユーザーにとって使いやすい制度なのか、どうやってターゲットに知ってもらうのかといったことがうまくデザインされていないケースが多い。行政機関は、自分たちが新しい支援を用意すればユーザーはきっと使ってくれるだろうといった態度になっており、どのように認知から利用までの導線をつくるのかなどが十分に考えられていないことが多い。

３．人事・組織管理

　特に外資系企業においては、それぞれの職種においてどのような役割を果たすべきかジョブディスクリプションが決められており、それぞれの専門スキルを持った人材がそのなかでキャリアを積んでいく形になっている。

　マネジメントも１つのスキルであり、その適性のなかで判断される。トレーニングはそれぞれの業務にあわせたものが用意されており、その専門性をさらに伸ばすことが可能となっている。人材の流動性が高く、優秀な人材や組織に足りない人材を外部から柔軟に取り入れられる仕組みがある。

　翻って行政組織の多くでは、まだまだ年功序列が中心であり、ジョブローテーションも適性を判断して行われているとは言い難い。専門性のある人材が、そのスキルを活用できるような業務につけるかどうかも不透明な人事プロセスとなっている。また、外部から専門スキルを持った人材も採用しづらい制度設計になっている。

　これらだけを見ても、行政組織が効率的に市民に満足できるサービスを届けるといった観点に立ったノウハウが十分備わっていない。行政組織はもっとこうした理論を取り入れ、組織の経営のあり方を見直す必要がある。しかもこれはベーシックな経営における要素であって、これからの社会で求められるデジタル化についてはさらにハードルが高い。

Chapter **3**

経済産業省DXの取り組みが
目指してきたもの、達成できていないもの

留学の経験と帰国後の行動

　留学中のデジタルガバメントに関する授業では、エストニアや英国に限らず、さまざまな国や都市におけるデジタルトランスフォーメーションの事例を学んだ。その授業で強調されていたのはチェンジマネジメント、つまり組織を変革することでデジタルサービスを提供できる環境をつくっていくことだった。

　自分の志と行動によって世の中を変えることができるのだという授業のメッセージは強く心に残り、帰国後は自分の思いを思い切り仕事にぶつけようと思った。

　この仕事ができなければ役所を辞めてもいいという決意を持って帰国した。

　何かを成し遂げようという強い思いがなければ、今の行政のあり方を変えることはできない。もし、デジタル技術によってこれまで利便性の低かった政府のサービスを使いやすいものに変えられるとしたら、これまでの硬直した政府のあり方を変えられるとしたら、それは自分の全部をかけて取り組んでもいいテーマだと思った。

　経済産業省で情報プロジェクト室に配属されてから、自分が行政のデジタル化を実現して変革をもたらすのだと土・日曜日も働き続けた。

　自分の目標が明確になり、それに真に打ち込むとき、さまざまなアイデアが生まれてくる。それらをどのような戦略で人に伝え、実行に落とし込むのかを自分で説明の資料をつくったりして整理していくのだ。そして月曜日にはそれを省内の関係者にぶつけ、議論し、意思決定のレベルまで持っていく。後述する法人デジタルプラットフォーム構想も、デジタル化推進マネージャーの仕組みも、「Govtech Conference Japan

（ガブテック・カンファレンス・ジャパン）」も、全力で行政のデジタル化という課題に向き合うなかで思いついたものだった。

自分が出られるシビックテックのイベントには片っぱしから出て情報収集をし、そのなかでおもしろい取り組みをしているスタートアップやシビックテックの人たちとコミュニケーションを取りながら、新しい考え方を吸収していった。

最初の2年間は文字どおり、すべての自分の時間を使って経済産業省DXの取り組みに捧げた。留学中、スタートアップの経営者がどれだけ苦労して自分たちのサービスで世の中を変えようとしてきたかを見ていたからだ。

どんなに優れた大学のMBAを持っていようと、きらびやかなキャリアがあろうと、優秀な人たちが自分の志を掲げて取り組んでもなおインパクトを生み出せないことがある。行政のあり方を変えたいと言いながら、その人たちほど努力してきたのか。中央官庁というリスクのない、しかも官庁というさまざまな政策手段をとりえるポジションにいるのに、それに見合った成果を出せているのか。それを自分に問うていた。

土・日曜日の夜、自宅近くの荒川の土手をランニングしながら、次の施策に関するアイデアを思い浮かべ、家に帰りパソコンでペーパーにまとめるといったことをよくやっていた。またあるときは、ランニング中に現在の取り組みの状況と自分がこうあるべきと思い描く姿とのギャップに葛藤しながら、ダッシュして気を紛らわせた。

自分を突き動かすものを原動力に変える

自分と同じくらい熱い思いで取り組みを一緒に推進してくれた情報プロジェクト室の上司とは、考えのぶつかり合いから、周りから見ても一

触即発な緊張関係のなかで仕事をしていた時期もある。しかし、それは
お互いに目の前の施策をどう進めるかについて真剣に考えていたからこ
その衝突だった。また、行政のデジタル化という新しいイニシアティブ
を、先の見通しが立たないなかで責任を一身に背負い、組織で主張を通
していくプレッシャーを自分も管理職になって改めて感じた。その上司
の立場になって初めてその苦労がわかり、自分の未熟さを反省した。自
分を後任にすることを後押ししてくれたのも、その上司だった。

　また、情報プロジェクト室内で自分と同じ熱量で働いてくれた仲間が
いたからこそ、ここまでやって来れた。周りの仲間には、自分と同じく
らいのハードワークを期待して、つらい思いをさせてしまったこともあ
るように思う。最初に入ってくれたデジタル化推進マネージャーのメン
バーは、組織内のチームも何もないなかに飛び込んで来てくれ、最大限
に活躍してくれた。

　法律を改正してもらわないと電子化の取り組みを進められないといっ
た声を聞いたり、総論では賛成するスタンスをとりながら実際には何も
動かない部署を見るにつけ、自分の非力さを情けなく思った。評論家に
ならず、自分の行動で変えていくというスタンスだけは忘れてはいけな
いと考えた。

　自分を動かすのは、そうした自分の非力さに対するやり場のない怒り
である。けんかをしても何かが改善するわけでもないし、自分が達成し
ようとすることがますます進めづらくなるだけだ。さまざまなステーク
ホルダーがいるなかで、目的を達成できる方法を考え、実行する以外に
は現状は変わらない。

　意思決定の回数が多いほど物事は進んでいく。であれば、早くプラン
を立て、実行の意思決定をし、やってみる。結果がまずければ、その理
由を探る。タイミングが悪いのであれば、そのアイデアを温めつづけて

いることで、実施のチャンスは再び訪れる。方法が悪いのなら、やり方を変えてみる。

重要なのは諦めないことだ。信じて実行しつづけることだけが物事を前に進めてくれる。

われわれが思い描いた法人デジタルプラットフォーム構想も、最初はただの絵にすぎなかった。しかし、取り組みを進めるにつれ、1つひとつのサービスが立ち上がっていき、まだ不備もあるものの、GビズIDやJグランツなど数十万単位の事業者が使ってくれるサービス群が生まれてきた。行政が事業者向けに提供するサービスで数十万ユーザーを抱えるサービスを3年程度で複数実現したというのは、悪くない数字だろう。省内のデジタル化の取り組み自体も拡大、進化してきている。

前と同じことをただ繰り返しているだけなら、何も人間がやる必要はないのだ。お金を稼ぐためだけになんとなく毎日同じ作業をすることは不毛ではないだろうか。それは生きていると言えるのだろうか。それこそ機械でいいのではないか。

行政官というチャレンジするチケットが与えられているのに、そのチケットを使い切れていない自分自身に、私は腹を立てているのかもしれない。留学中にさまざまな境遇のなかで自分の人生の選択をしていく同級生を見て、自分の人生なのだから、選ぶのは自分だと思えるようになった。私がいまだに行政官として働くのはまだチャレンジを終えていないと思うからだ。

若手の背中を押す経済産業省のカルチャー

経済産業省のデジタル化の取り組みを進められた大きな要因の1つは、

留学帰りの生意気な自分の主張を正面から受け止め、チャンスを与えてくれた先輩たちの後押しだ。

「行政のデジタル化の取り組みか、スタートアップのエコシステムをつくるような仕事がしたい、それ以外、経済産業省でやりたいことはない」と、ボストンのホテルで当時の人事を担当していた先輩に言い放った。経済産業省でデジタル化を進める際、イギリスやシンガポールのように、デジタルユニットを経済産業省のなかにつくってこれを押し進めたいというスライドをつくって先輩に送りつけたりしていた。ならやってみろとばかりに情報プロジェクト室に私を配属してくれた。「君はデジタルガバメントの担当だから」とその先輩から電話越しに言われて、帰国前から心が高鳴った。

帰国後、「シンガポールでは行政サービスはこんなことになっている、日本は今のままでいいのか、自分は経済産業省から事業者向けのデジタルプラットフォームを構築する」といった趣旨のスライドをつくり、会計全体を仕切る先輩に示して予算要求した。その先輩は、自分の言葉に共感してくれ、自分の取り組みに予算を大きく配分してくれた。情報プロジェクト室がデジタル化を進めるうえでの原資を与えてくれたのだ。

その説明をした次の週には、省内すべての部局の筆頭課長補佐を前に、自分の構想と法人デジタルプラットフォームの予算要求について説明していた。年次も離れた先輩の前で逃げ出したくなるような思いだったが、ここで堂々と話さねば組織を動かすことなんてできないと思って、思いっきりバットを振った。留学前にお世話になった先輩方も前向きに応援してくれ、省内でも取り組みを進めることについて了解を得た。

帰国後から怒涛のように先輩や幹部に説明を繰り返し、そのなかで多くの先輩が共感してくれた。その共感がなければ、経済産業省の取り組みはここまで広がっていかなかったと感じている。

経済産業省は、人が売りの省だと言われている。それは日本をよくしたいという熱い思いを持ち、世の中を変える実行力を持った行政官が多いからだ。しかし、そのような人材が輩出されるのは、前向きに取り組む行政官に対して、足を引っ張るのではなく、応援するカルチャーがあるからだと思う。先輩が後輩を応援するカルチャーがなければ、新しいものは生まれてこない。スタートアップでは、成功した起業家が有望な若手の起業家に出資し、メンターとしてサポートすることで、さらに社会にインパクトを与えるスタートアップが生まれていく。こうしたフックアップが経済産業省ではいろいろなところで起きていると思う。情報プロジェクト室が所属する商務情報政策局の幹部や、筆頭課長補佐の方々には本当にご迷惑をおかけすることも多かったが、取り組みを応援し、助けてくれた。組織内でも互いをサポートし合える、応援できるカルチャーはイノベーティブなものを生み出すのに欠かすことはできないと思う。

目指すのは事業者向け行政サービス・プラットフォーム

帰国後、最初に考えたのは「行政のデジタル化」というテーマにおいて、経済産業省のリーチで届きうる1番大きなビジョンを立てるとしたら、どのようなものを掲げるべきかであった。

2017年当時、すでにマイナンバーカードの普及が進みはじめ、住民サービスの領域は経済産業省がフォーカスする領域ではないと考えた。経済産業省の支援や行政手続のメインカスタマーは事業者であり、事業者に対していかにサービスを届けるのか、それも経済産業省のみに閉じず、政府全体の最適化を前提とした設計でシステム化を進めることが重要であると考え、「法人デジタルプラットフォーム」という構想を掲げた。

後述するが、シンガポールでは、個人と法人のデジタルIDを整備し、すべてオンラインの手続きで利用できるようにすることでユーザーの本人確認コストを低減していた。また、エストニアはX-Road（エックスロード）と呼ばれるデータ交換基盤を整備し、各行政機関が分散して持つデータを連携させることで、ユーザーの入力負担を激減させるだけでなく、データを利活用したサービスの向上につなげていた。こうした、①デジタルIDの整備、②データ交換基盤の整備、③それに接続するサービス群の整理がプラットフォーム構築の要諦であると考えた。この構想自体は留学時にすでに描きはじめていたものだ。さらにそのコンセプトやサービスを具体化していくため、デジタルガバメント先進国の政策担当者を訪問するリサーチ・トリップを行い、プランをまとめていった。フィンランドからエストニアに向かうフェリーのなかで、一緒に回ったメンバーとどんなデジタルガバメントを目指すべきかについて議論したことを、昨日のことのように覚えている。

　クラウドの活用により、データベースやサービスの機能を組み合わせてサービスを開発しやすくなってきた点も、法人デジタルプラットフォームのコンセプトを後押しした。これまでのシステムは、1つひとつの機能を分解させて利用することができない「密結合」になっており、オンプレミスと呼ばれる大手ITベンダーのサーバで構築され、基本的にその会社独自の仕様となっていた。一方で、クラウドサービスの普及により、インターネットを通じてさまざまなパーツを組み合わせてサービスを開発する「疎結合」の概念が持ち込まれた。

　たとえるなら、「密結合」なシステムというのはプラモデルのようなもので、システムのパーツがすべてボンドでくっつけられていて、それら

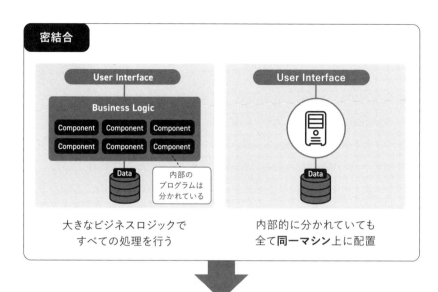

大きなビジネスロジックで
すべての処理を行う

内部的に分かれていても
全て**同一マシン**上に配置

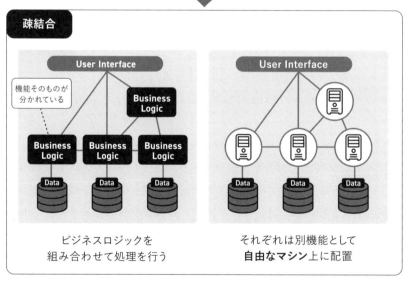

ビジネスロジックを
組み合わせて処理を行う

それぞれは別機能として
自由なマシン上に配置

（出典）CodeZine（https://codezine.jp/article/detail/11055）を基に作成

密結合と疎結合

を分解するのが難しい。しかもそれぞれの部品はカスタマイズされてつくられているため、他の人が再現することが困難である。

一方で、「疎結合」なシステムとは、ブロックのようなものでパーツが標準化されていて、組み合わせることも、取り外すこともしやすくなっている。後述するが、このブロック同士をつなぐインターフェースをAPI（Application Programming Interface、アプリケーション・プログラミング・インタフェース）という。現代のGAFA（Google、Amazon、Facebook、Apple）を含むデジタルサービス企業の発展は、このクラウドベースの疎結合のデータベース・機能のエコシステム（生態系）が支えていると言ってもいい。

こうした背景の下、経済産業省による法人向けの行政サービスを汎用的なパーツの組み合わせで構築できるようにすることを目指して生みだしたサービスが「GビズID（gBizID）」、「Gビズコネクト（gBiz CONNECT）」、「Jグランツ（jGrants）」、「Gビズインフォ（gBizINFO）」などをレイヤーで整理した「Gビズスタック（gBizSTACK）」だ（「Gビズインフォ」を除き、2021年9月1日からデジタル庁に業務移管）。

「GビズID」[5]は法人向けの認証サービスで、1つのIDでさまざまな行政手続を行える環境を目指しており、すでに50万者以上に利用されている（2021年7月現在）。これは経済産業省の行政手続のみならず、厚生労働省が提供する社会保険手続や、農林水産省の手続きなどでもすでに活用されはじめている。オンラインでの事業者の本人確認、ログインのシステムを共通化して、政府、自治体がどんなオンライン手続きでも使えるようにすることを目指している。

このサービスがあることによって、事業者が手続きごとにID・パスワードを取得する必要をなくすとともに、各行政機関にとっては自前で

認証のシステムを持つ必要がなくなる。また、それまで実在確認の目的で提出されていた登記事項証明書なども添付不要になり、提出書類削減にも貢献している。本サービスはシンガポールで企業に発行されている認証サービス「CorpPass」や、イギリスの公的認証プラットフォーム「GOV.UK Verify」を参考にして構築した。

「Jグランツ」[*6] は、さまざまな省庁や自治体の補助金申請をワンストップで行えるようにするサービスだ。2021年度は400を超える補助金で利用される予定である。同じような手続き類型のシステムはバラバラにつくればそれだけ重複投資がなされる形になり、ユーザーにとっても申請の仕方が補助金によって違うといった体験の不都合をもたらす。

行政サービスのなかでも事業者からの特にニーズが高いのが補助金申請であり、このカテゴリーを1つのデジタルサービスに集約していく取り組みの一歩目としたのが、「Jグランツ」ということだ。シンガポールにはすでに「ビジネス・グランツ・ポータル」というサービスがあり、同様にワンストップで補助金申請を行う環境が整備されており、その動向なども参考にした。

「Gビズコネクト」は、システム間のデータをセキュアに連携するための仕組みだ。たとえば、中小企業が補助金申請システム「Jグランツ」で補助金を申請する際に、中小企業支援プラットフォーム「ミラサポplus」に登録していた自社のデータを連携させることで、Jグランツの申請フォームに保有するデータを自動転記することなどが可能となる。

*5

*6

このように一度行政組織に提出したデータを再度入力せずに済む環境を「ワンスオンリー」と呼んでいる。

　さまざまなシステム間でデータをやりとりしようと思った場合、その手段やルールが標準化されていなければ、システムをつなぐたびに一からバラバラの方法で接続しなければいけなくなる。「Gビズコネクト」は、そのコストを低減するため、データをやりとりする際のシステムの接続方法を標準化するためのシステムである。これが活用されていけば、ワンスオンリーにより、ユーザーの入力負担が大幅に減り、保有するデータの重複も排除することができる。エストニアの行政システムの優れている特徴の１つは、この役割を果たすX-Roadを初期から利用していることであり、本システムはそこから着想を得ている。

　個人向けのマイナンバー同様、法人は法人番号と呼ばれる番号が国税庁によって付番されている。われわれは、この番号にさまざまな法人の行政情報（許認可、特許、補助金申請、調達等）を紐づけて公開する「Gビズインフォ」*7というサイトを運用している。

　これはオープンデータの取り組みの一環であり、市場における情報の非対称性を解消することで、より透明な経済活動が行われることに行政が保有する情報が寄与するとの考え方に基づいて行われている。たとえば、自社の取引先の活動情報をGビズインフォで調べることにより、信用できる会社なのかを確認することができる。このサイトに集約されるデータの一部は他省庁データのAPIを活用して集約しているほか、今後はJグランツなどとも連携する予定であり、さまざまな行政データをつなげ、オープン化する役割を果たしている。

　しかも、Gビズインフォ自体もAPIを提供しており、企業がこのデータを活用して新しいビジネスなどを生み出すことも可能である。

gBizSTACK

オープンデータ・オープンソース層	**gBizINFO** Open corporate information	**IMI** Infrastructure for Multi-layer Interoperability Data cleansing tools
データ分析層	**gBizANALYSIS** BI platform for policy making	**RESAS** BI for local economy analysis
データ交換層	**gBizCONNECT** Data exchange between systems	
手続サービス層	**jGrants** Uniform grants application system	**ミラサポplus** Total SME support portal
デジタルID層	**gBizID** Corporate authentication for government services	

事業者向け行政手続基盤

　これらのシステムで体現されるように、システムを密結合なものではなく、共通化できる機能は共通化して、認証、手続サービス、データ交換基盤、データベースというレイヤー構造を整理し、それらを連携させながら利用する疎結合のアーキテクチャを導入しようという試みが法人デジタルプラットフォームで打ち立てたビジョンの１つだ。

　上述のとおり、これらのアイデアはわれわれがまったくゼロから考えたものではない。経済産業省という組織が立つ社会のなかでの位置づけを理解したうえで、海外の事例から学び、それを日本の文脈でどうやったら実現できるかということを考えて整理していったものだ。

＊7

こうした取り組みは経済産業省だからできたことではなく、他の組織でも自分の行政組織が政府全体のなかでどの部分の役割を果たす必要があるかを考え、提供すべきサービスのレイヤーが整理できれば、実現可能なはずだ。

GビズID、Jグランツの拡大の影にある
トップダウンアプローチと「足」で稼ぐ営業

　法人デジタルプラットフォーム事業を掲げるなかで、フラッグシップのプロジェクトとして掲げていたのはGビズIDとJグランツだった。一方でこれをプラットフォームにしていくためには他省庁や自治体の行政サービスで自分たちのシステムを利用してもらわなければいけない。

　これまで述べてきたとおり、省庁や自治体単位で意識も縦割りになっている行政組織のなかで、使ってくださいと正面から説明しても、真剣に導入を検討してくれる省庁の担当者は少ない。つまり、ユーザーを開拓しなければプラットフォームにならないのだ。他の行政機関に経済産業省の開発したソフトウェアの利用を促していくのは、気分としてはさながら行政向けソフトウェアの営業担当だった。

　こうしたなかで、われわれが着目したのは、規制改革推進会議という会議体だった。当時、行政手続の電子化は行政手続コストの削減の観点から規制改革推進会議が各省庁に迫っているところだった。この枠組みにGビズIDやJグランツを入れ込めば、各省庁に利用を促すことができると考えた。この会議体を運営する内閣府の規制改革推進室も行政手続の電子化を後押しするツールを探しており、彼らとわれわれの考えが一致したのだ。結果として、規制改革推進会議の答申でGビズID、Jグランツの利用が各省庁に促された。

一方で、そうしたトップダウンの規律だけでは実際の利用には至らない。現場の人がどうやって導入することができるかわからなければ、掛け声だけで終わってしまうからだ。そこで、2019年度の後半は経済産業省の会計課とともに各省庁向けにJグランツの説明会を行ったほか、中小企業庁とともに都道府県庁の商工部などを出張で訪問して回ってJグランツについて説明し、利用意向を聞いて回った。

　まさに「足で稼ぐ営業」で非常に大変だったし、中小企業庁にもご迷惑をおかけしたが、直に説明に足を運ぶことで都道府県の担当者にもこちらの真剣度が伝わった。一緒に回っていた中小企業庁の課長は「自治体の方に理解してもらうにはこうした丁寧なコミュニケーションが必要なんだよ」と県庁への道中に私に話した。デジタル化を進めるうえでも、相手にあわせたコミュニケーションをとることが人の心を動かすことを教えてもらったように思う。GビズIDについても、導入意向があった省庁に対しては、情報プロジェクト室から丁寧にその接続方法を説明した。こうした地道な足元での営業活動が利用先を獲得することにつながっていった。

　2020年度以降、GビズIDとJグランツは本格的に運用に入るのだが、この2つをフラッグシップに据えたことは結果として両サービスの利用者を増やしていくうえでよい組み合わせだった。Jグランツを使わないと補助金申請ができないとなると、企業はそのログインのためにGビズIDをとらざるを得なくなり、GビズIDを取得しはじめた。そしてGビズID取得企業が増えるにつれ、Jグランツを利用する補助金数や、GビズIDを使いたい行政手続システムも増加していった。特に、2021年度からは中小企業庁は補助金について電子申請しか認めない方針としたことから、GビズIDの取得申請が急増した。こうした普及が自動的に増えていくメカニズムをつくることは非常に重要だが、黎明期にはやはり地

道な営業がなければ広がらないという貴重な学びがあった。

トップダウンとボトムアップで変えていく

　総括補佐という情報プロジェクト室を取りまとめるポジションだった私は、当時の室長とともにビジョンを官房長や局長など省内幹部に説明するほか、政策全体を統括する総括補佐レベルの会議体などで説明していった。留学中の授業ではポリティカル・キャピタル（政治資本）と呼んでいたが、組織のトップマネジメントのサポートが得られなければ、組織の変革はなし得ない。なぜなら、それがなければ取り組みは一部の部署の試みで終わってしまい、組織の方針とはならないからだ。組織を変えようと思った場合、ビジョンは掲げるだけではダメで、それを組織のマネジメント層に理解してもらい、共感を得て応援してもらうことが不可欠だ。私の場合は幸い、経済産業省の予算を統括する上司の共感を得られ、前述の経済産業省のデジタルプロジェクトの予算を統括する裁量を与えてもらい、行政手続のデジタル化をする際には情報プロジェクト室が予算を配分し、これを精査したうえで進めていく体制を整備した。

　一方で、取り組みを行ううえでは各関係者の理解を得ることも欠かせない。そのため、各部署と打ち合わせを行いながらデジタル化の重要性を説明することにも注力した。これも非常に泥くさく、大変な仕事だ。
　そもそも各部署は、デジタル化の重要性は理解するものの、現状の足元の業務があるため、ただその重要性を述べるだけでは取り組みにコミットしてくれるわけではない。われわれ情報プロジェクト室としてどのようなサポートを提供でき、どのような状態を目指していくのかを腹落ちしてもらわなければ進まない。現場の人がその重要性を理解し、取り組みを進めてくれなければ、絵に描いた餅となってしまう。

そこで、まずターゲットとしたのは、すでに電子化の取り組みを進めている部署や、ユーザーとの関係でデジタル化を求めている部署だった。こうした部署のプロジェクトは、現場の職員のモチベーションも高いため、早く成果につなげることが可能だからだ。

　経済産業省の場合は、産業保安を所管する部署や中小企業庁でニーズが高く、ここから進めることとした。そして、徐々に貿易関係や資源エネルギー庁の案件へと幅を広げていっている。その際、その部署をマネージする総括補佐に対して、同じポジションである私からその業務の重要性を説明するとともに、職員の一部の時間をデジタル化の取り組みに充ててもらうようお願いして回った。現場のマネジメント職の理解がなければ、現場の職員がやる気になっても、それに割ける業務の時間が確保できないからだ。

　こうした地道な説明を繰り返し、ボトムアップでも問題意識を持つ人を増やし、実際にデジタル化のプロジェクトに参画する人を増やしていった。加えて、省内の総合職2年目研修にデジタル化研修を無理やり組み込んでもらい、若手職員の考え方をモチベートする取り組みも始めた。デジタルネイティブである彼らが今後の組織を担っていくのだから、その行政官がデジタルを前提とした考え方を持ってくれなければ組織は変わらないからだ。その他、職員向けのデジタルツールに関する研修なども定期的に実施している。

　こうした草の根の取り組みを地道に繰り返すことによって、少しでも気づきを得た行政官たちを仲間にしていき、組織内で徐々に温度感を上げていくことを進めてきた。まだ道半ばだが、トップダウン、ボトムアップ双方のアプローチがなければ組織は変わらない。

　なお、システムの全体最適を図るには、組織全体のサービス開発が同

じ考え方に基づいて開発されるようなガバナンスが重要だ。「経済産業省において、法人認証はＧビズIDを使い、補助金申請ではＪグランツを電子サービス構築の際には利用すること」といったことが組織全体でルール化されていなければならない。

　なぜなら、これらが利用されなければ、現場の部署がサービスを構築する際に勝手に別のサービスの開発を進めてしまい、同じ機能に重複投資してしまうからだ。ユーザーから見た場合もサービスが雑多になり、使い勝手も悪くなってしまう。こうした事態を避けるためには、システムは疎結合で分散したものであってもガバナンスは中央集権的に行われる必要がある。

　そこで、ガバナンスを強化するべく、2018年8月、従来のIT部門である情報システム厚生課と省内の業務改革を推進する政策評価広報課とわれわれ情報プロジェクト室の3課室連携で、バーチャルな部署として経済産業省DX室を立ち上げた。当初は官房長という省内全体の組織を統括する幹部をDX室長に据えて取り組みを進めた。

　一方で組織体制を1つにしたとしてもそれが機能するわけではない。DX室を立ち上げた際も情報システム厚生課のスタンスは変革に対して消極的であり、取り組みに懐疑的だった。情報プロジェクト室側もそうした状況をよく理解せず変化を迫ったことによって逆にチーム間のコミュニケーションができなくなってしまったこともあり、当時の自分の未熟さを反省している。情シス課には、セキュリティを中心に見ているチーム、バックオフィスの個別システム、業務の基盤システムなどを見ているチーム等、複数のチームがある。情報プロジェクト室のように新しいテクノロジーの活用により、サービスのデジタル化を進めるという仕事だけでなく、システムの運用やメンテナンス、セキュリティといった地道な仕事に従事していた。仕事のスタイル・文化が違うなかで、共

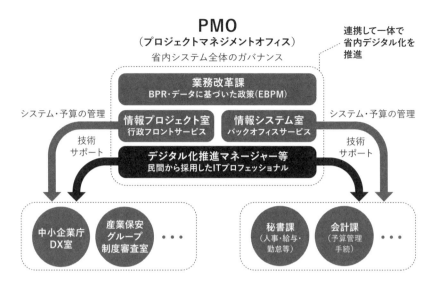

PMO
（プロジェクトマネジメントオフィス）
省内システム全体のガバナンス

連携して一体で
省内デジタル化を
推進

業務改革課
BPR・データに基づいた政策（EBPM）

システム・予算の管理

情報プロジェクト室
行政フロントサービス

情報システム室
バックオフィスサービス

システム・予算の管理

技術
サポート

デジタル化推進マネージャー等
民間から採用したITプロフェッショナル

技術
サポート

中小企業庁
DX室

産業保安
グループ
制度審査室

・・・

秘書課
（人事・給与・
勤怠等）

会計課
（予算管理
手続）

・・・

経済産業省のデジタル化推進体制（2021年9月〜）

に新しい価値を実現しようというゴールを共有するには、継続的なコミュニケーションが欠かせない。この点についてはわれわれも引き続き試行錯誤している。どの部署がより変革の意思を持っているかというのは組織によって異なる。一方で組織内のシステム全体を管理する部署の意識変革が進まなければ、組織内のシステムガバナンスを見直すことができないため、その部署の変革は必須となる。多くの民間企業のおいても、DX推進部門と情報システム部門との協調は、真のトランスフォーメーションを実現するうえで重要な課題であろう。

　2021年度からは政策評価広報課は業務改革課と名を変え、その下に情報システム室（前・情報システム厚生課）と情報プロジェクト室がぶら下がる形になり、実質的にこの3課室が一体化し、現在は以前より密な連携が進みはじめている。

このほか、すでにデジタル化を積極的に進めていた中小企業庁や、産業保安グループなどの部局では独自のDX推進のチームを組成している。これらのチームが情報プロジェクト室と連携することで統合的なデジタル化の動きを進めている。ここでもトップダウンとボトムアップのガバナンスが機能している。

組織のデジタルサービス開発能力を強化する

行政のデジタル化というビジョンを実現するためには、大手ITベンダーに依存するのではなく、内部人材のITスキルを高め、組織内の能力を高めることが必要だ。日本の行政ITプロジェクトで失敗したものの多くが、行政側にプロジェクトのディレクションやマネジメントの能力が十分でないことに大きな要因があった。

一方で、ITベンダー側もこの状況を甘受し、リテラシーの低い行政組織を自社独自の技術仕様を通じて代替不可能にすることで、ロックインを行っていた。行政側にシステムの有効性の判断能力がないなかで、そのシステムを止めることもできないといった状況が続いていたのだ。

この傾向は日本だけで起きていたわけではない。海外諸国でも過去には同様の状況があり、ITプロジェクトの失敗や財政圧迫をもたらしていた。

しかし、デジタルガバメント先進国は、クラウドの普及とあわせて内製化を進め、従来のウォーターフォール開発からアジャイル開発へとシフトしていた。結果として、2011年にイギリス政府はGDS（Government Digital Service）を、2014年にアメリカ政府は18FやUSDS（U.S. Digital Service）を、2016年にはシンガポール政府はGovTechを設置するに至っている。

これらはいずれも行政のITプロジェクトの非効率や大きな失敗に端を発して設置されている。イギリスではIT投資の財政逼迫_{（ひっぱく）}が、アメリカでは国民医療保険のサービスである「HealthCare.gov」の開発失敗による大きな損失が原因だ。シンガポールは、レガシー化した行政システムの刷新がトリガーになっている。

　新しい組織立ち上げのポイントは、新しいテクノロジーの導入とそれを活用できる専門人材を行政組織に採用することだった。イギリスは元ガーディアン紙のデジタル部門トップのマイク・ブラッケンを、アメリカは元Googleのマイケル・ディッカーソンを、シンガポールは元EYのパートナーやシティバンクシンガポールのITヘッドを務めていたチョウ・ホー・チャンをトップに据えた。彼らを中心に、プロダクトマネージャー、ITエンジニア、サービスデザイナーなどによるITサービスのプロダクトチームを行政組織内につくり、サービス開発を進めていった。
　自前のチームをつくることは、クラウドベースの開発環境を最大限に活用し、アジャイル開発を取り入れるために最適な方法である。なぜなら、アジャイル開発では、すべてのプロセスにおいて密にコミュニケーションをとりながら、一体のチームとして開発を進めていくことが求められるからだ。アジャイル開発の場合、ベンダーへの委託をすると、契約における責任範囲の確定の難しさやコミュニケーションコストの高さが大きくなることが想定される。特に日本においては、大手ITベンダーほどアジャイル型の開発手法に慣れていないチームが少なくとも公共担当には多い傾向もあり、そのハードルはさらに高いと考えられる。

　こうした海外事例を理解しながらも、リソースの制約から経済産業省ではセカンドベストとして、まずはベンダーへ開発を委託するとしても、行政側が意図するサービスをディレクションできるプロダクトマネー

ジャーを組織内に抱えることが重要だと考えた。ベンダーに委託する際においても、そもそも技術的な知見を持って、ベンダーに対して正確なプロジェクトのディレクションができていないことが、行政のデジタルサービス開発がうまくいかない理由だったからだ。

　情報プロジェクト室では、デジタル化推進マネージャーという名称で民間ITサービスのプロジェクトマネジメントを経験した人材を中心に採用した。2018年以降、経済産業省は、まずは彼らを起点にITプロジェクトが正しく進められること、プロジェクトに参画する行政官が彼らとともに働くことでITリテラシーを高めること、これらを通じて組織内部にデジタルサービス開発のナレッジを蓄積していくことを意図した。一足飛びに内製化を進めるのではなく、まずは組織に最新のITサービスの開発に関する知見と人材を取り入れることを優先したのだ。

　実際に、情報プロジェクト室に所属する行政官は、政府CIO補佐官（政府CIO補佐官制度は2021年8月で終了）やデジタル化推進マネージャーと一緒に働くことでデジタルサービス開発のプロジェクトの進め方や柔軟でアジャイルな組織カルチャーを学んでいる。加えて、情報プロジェクト室には自治体の研修職員や他省庁からの出向者もおり、情報プロジェクト室で働くことによってこれまでの行政組織と異なる働き方を学んでもらっている。また、デジタル化のプロジェクトを担当する部署で働く職員も同様にプロジェクトの進め方を実践を通じて身に付け、異動で部署が変わっても異動先の部署でまたデジタル化の取り組みを進めるといった広がりを見せている。

　情報プロジェクト室が他の部署とデジタル化を進めるうえで最初に行うことは、経済産業省という組織のなかで各部署の現状の悩みを聞き、それをITでどのように解決できるかを一緒に考えることだ。

この過程からITのエキスパートであるデジタル化推進マネージャーに加わってもらい、プロジェクトの具体化を図っていく。こうした取り組みを行うことで、ユーザーや行政官側のニーズを明らかにし、システム化につなげていく。さらにプロジェクトマネジメントやリリース後も含めて、彼らが担当行政官と伴走することで、着実にプロジェクトが進むことを目指す。このような伴走体制が、行政官にとっても、ただプロジェクトを進めるということにとどまらない学びの機会となるのだ。

デジタル化推進マネージャーは、ITのバックグラウンドを持つ政府CIO補佐官とともに情報プロジェクト室で選考し、採用した人材は情報プロジェクト室からデジタルサービスを開発する部局に派遣する形をとった。この形をとった理由は2点ある。

1点目は、どのような専門人材を採用すべきかについて情報プロジェクト室以外には判断能力がないことだ。ITの専門人材が集積する情報プロジェクト室だからこそ、優れた専門人材を選定できる。

2点目は、情報プロジェクト室からデジタル化推進マネージャーを派遣する形をとることで各部局での成功・失敗のプラクティスを吸い上げられることだ。デジタル化推進マネージャーらが現場で得た知見を情報プロジェクト室で互いに共有することで、再び同じ課題にぶつかった際の解決速度を高めることが可能となるのだ。そして、われわれの経済産業省におけるシステム開発のナレッジとして蓄積可能になる。ここにもトップダウンとボトムアップを融合したコンセプトが取り入れられている。

障害とリカバーの経験から組織の対応能力を高める

GビズIDの取得申請は現在毎週1万件来ており、発行の遅れなど多

くの事業者の方々にもご迷惑をおかけしている。また、2021年4月末から5月にかけて補助金申請の締切が集中したことによってGビズIDによる認証がしにくいといった状況、一部申請の添付ファイルが正しく添付されないといった事象が生じた。こうした事態を起こしてしまったことは本当に申し訳なく思っているが、担当者のメンバーはゴールデンウィークも返上して原因の洗い出しや対策の実施に当たった。GビズIDについてはクラウドベースのサービスにかかわらず、リソースが自動で拡張する設定になっていなかったことが原因だった。また、Jグランツの場合は申請を処理する一部の機能にボトルネックが生じてタイムアウトが生じていたことが原因だった。こうした1つひとつの原因をデジタル化推進マネージャーとベンダーが一緒に検証し対策を打っていった。行政官のメンバーもそのプロセスに入り、意思決定や組織内外への説明を行っていくことで1つのチームとしてワークした。

　障害は最小限に抑えるべきではあるが、対応のプロセスを通じてチームの連携は強化され、チーム内にもナレッジが蓄積された。私が思うのは、こうした困難をデジタル化推進マネージャーやベンダーだけでなく行政官も一緒になって乗り越える経験こそが行政組織のIT能力を高めることにつながるということだ。上述したような障害の原因について、行政官も概念レベルで何が起こっているのか自分の言葉で言えるようになり、解決手法がどういった意義を持つのか説明できるようになる必要がある。失敗から学ぶ組織になるというのは、障害もベンダー任せにするのではなく、それを組織として一緒に分析・対処し、次に同じような事象が起きたときに対応できるよう内部にナレッジを蓄積していくことを意味する。

ブランディングとコミュニティの拡大

　経済産業省のデジタルトランスフォーメーションの取り組みの認知を高めるには、「何かおもしろいことやっているぞ」、「この取り組みに自分も関わりたい」といった人の動機に引っかかるような仕組みのデザインが重要になる。

　組織内外に対してこうした仕掛けをつくることによって、関心を持つ人に参画してもらう、新しいムーブメントとしてうねりをつくるといったことを始めた。たとえば、デジタル化推進マネージャーをプロフェッショナル人材採用の転職支援プラットフォームであるビズリーチで行ったこともその1つだ。ビズリーチでのIT人材採用は中央官庁では初の異例の取り組みだとメディアでも取り上げられ、注目を集めた。結果、初年度は2名の募集枠に600名近くの応募があり、想像以上の反響だった。

　経済産業省内のDXを進めていくに当たって、省内向けのインナーブランディングを行うために、庁舎内に張るポスターを作成した。省内の行政官に自分が入省したときを思い出してもらう、それを実現するためにもデジタル化の取り組みが重要なのだというメッセージを伝えたいと考え、ポスターを作成した。省内のルール上、実際に庁舎内全体に張られていた期間は2週間程度で、どこまで人々の記憶に残ったかはわからない。しかし、今でも情報プロジェクト室の執務室の壁にはこのポスターが張ってあり、道を通る職員や、外部からの来訪の方なども目を留めてくれているのを見かける。こうしたメッセージを目に見える形で示すことは、自分が大学時代に関心を持っていた広告の手法や、スタートアップの自社ブランディングなどにヒントを得ている。

　この際に何かわれわれの取り組みのシンボルとなるマークが欲しいと

省内向けに製作したポスター

思って製作したのが「METI DX」ロゴだ。このマークは真ん中のDX
が周りに波紋のように広がっていくイメージとなっており、われわれの
投じたDXの一石が、省内外に広がってほしいという願いを表している。
以後、チームメンバーが自費でステッカーやオリジナルTシャツを作成
したり、資料には必ずそのロゴを入れたりするなど、わかりやすく認知
してもらう努力をした。バレンタインにチョコレートのパッケージにこ
のマークを載せて室員メンバーが配ったり、子どもが生まれる方にこの
ロゴのついたよだれ掛けをプレゼントしたりもした。こうしたものをつ
くることでチーム内の一体感も生まれ、「ステッカーが欲しい」と省内外
の人に覚えてもらうきっかけにもなった。こうした取り組みは、スター
トアップなどが認知を高めるために行っているところだが、行政であっ
ても仲間づくりを進めるうえで非常に重要なことだ。
　嬉しかったのは、われわれのスタンスに共感してくれた農林水産省

農林水産省「MAFF DX」と経済産業省「METI DX」のステッカー

のDXのチームメンバーが、同じデザインでロゴのカラーだけ農水省カラーに変えて「MAFF DX」のロゴをつくってくれたことだ。まさに波紋が道路を隔てて隣の農水省の庁舎まで届いたのだ。今でも経産省のDXの取り組みは、農林水産省と連絡を取り合いながら進めている。

Govtech Conference Japanによる
コミュニティ拡大とエコシステムの創出

　情報プロジェクト室での私の初仕事は、京都リサーチパークで電子政府について講演をすることだった。2017年当時はまだ日本のデジタルガバメントの動きも知らなかったし、それを説明してもおもしろくないので、自分がシンガポールで見てきたデジタルガバメントの動きを整理してプレゼンした。海外ではここまで進んでいるのだということを示した

ほうが、危機感を煽るうえではいいだろうと思っていた。講演後、京都を拠点に活動していたANNAIの紀野恵さんと太田垣恭子さんが興奮しながら自分のところに来てくれた。講演がすごくおもしろかったと言ってくれ、手応えを感じることができた。お二人とはその後も仕事やシビックテックのイベントなどさまざまな場面で一緒に活動している。

　行政だけでは世の中は変わらない、一緒に共感してそれを変えようとしてくれる人が多ければ多いほど、世の中を変えることができる。自分が持っている問題意識を一緒に広めてくれる同志を見つけるために「Govtech Conference Japan（ガブテック・カンファレンス・ジャパン）」を開催した。

　第1回の開催は帰国から1年半経った2019年の年初だった。それまでにシビックテックのイベントなどに多く参加するなかで、自分たちでも何か仕掛けたいという思いから仲間を見つけて、満を持しての主催イベントだった。永田町GRiDというコワーキングスペースのカンファレンススペースを貸し切って行い、初回にもかかわらず、200名程度の会場は満員となり、熱気に包まれていた。デジタル化推進マネージャーの酒井一樹さんの驚異的な運営スキルによって、完璧な舞台回しが行われた。

　この回で伝えたかったのは、これからの行政サービスのあり方をこれまでと違うものにしていくぞという意思表明だった。テーマとして、アジャイル開発、サービスデザイン、API利活用・クラウドによる基盤統合などに取り組む民間企業の事例、DXのための組織づくり、シビックテックをはじめとする自治体のデジタル化の取り組みなど、当時はほとんど行政でコンセプトとして語られていなかったものをすべて打ち出し、それに相応しいメンバーをパネラーに呼んだ。そのほとんどのパネラーは、官民問わず、それまでに自分が出会って共感した人たちだった。こ

永田町GRIDで開催したGovtech Conference Japan第1回の様子

のイベントで情報プロジェクト室はGovtech元年を宣言したのだ。

　留学時代、シンガポールでスタートアップのイベントに出た後、必ず
ネットワーキングの時間が設けられ、そこでさまざまなインタラクショ
ンが起き、参加者が次の取り組みへのつながりを得ることができること
をすばらしいと思っていた。Govtech Conference Japanでもそうした
場を設けたいと思い、実施したところ、会場を閉める間際まで多くの人
が残って語り合っていたのが今でも記憶に残っている。参加者の熱気は
最後まで収まらなかったのだ。こうした場所を必要としている人がたく
さんいたのだと、疲れながらも最後に改めて手応えを感じた。

　第2回は自治体をターゲットにした回、第3回は主に中央官庁をター
ゲットにした回と重ね、会場も350名まで拡大した。コロナ禍の第4回

以降は舞台をオンラインに変えて開催し、第5回では600名に登録いただき、多くの方に参加していただいた。自分たちの出会いのなかで優れていると感じる事例をピックアップし、それを広く紹介し、官庁、自治体、スタートアップ、シビックテックの人たちがフラットにつながり合える、そんな場をつくれたのではないかと感じている。それはわれわれ経済産業省の取り組みにとっても新しい出会いをもたらしたし、それまであった多くの官民の壁を壊すことができた気がしている。

　このカンファレンスで知り合った多くのGovtechスタートアップが自治体や官庁と連携し、コロナ禍ではシビックテックが行政とも連携して活躍をしている。われわれの取り組みが少しでもそうしたつながりのきっかけを提供できたのではないかと思っており、個人的には嬉しく思っている。

データを中心とした
ポジティブサイクルを生み出すことを目指す

　行政のデジタル化はよりよいサービスを市民に届けることが目的である。私はこれを大きく3つのフェーズで捉えている。

　第1フェーズは、ユーザーにとって使いやすいデジタルサービスを提供するフェーズだ。

　使いづらいサービスは使われず、その結果としてデータも蓄積されない。このため、まずはユーザーに使ってもらえるサービスを提供するということが重要になる。また、着手すべきは多くの人にとって便益があるような分野から行うことだ。

　経済産業省が、認証サービスのGビズIDや補助金申請サービスのJグランツから手をつけたのもここに理由がある。これらのサービスは、事業者の支援が大きなミッションである経済産業省にとっても、ユーザー

である事業者にとっても、デジタル化することで効率化と利便性向上が実現できる期待が大きい。

　ただし、最初から大規模にリリースするのは避け、スモールスタートを心がけるべきだ。最初から大規模にリリースすると、失敗したときの影響が大きい。そもそもサービス初期は、リリースしたわれわれが意図していない利用のされ方やトラブルが生じることが多い。また、サービスのリリースは、基本的には、事前にユーザーのテストなどを通じて生じうるリスクを減らしたうえで行うのがベストだが、最初から大規模にリリースすると、ユーザーの属性に応じて、使い勝手について感じる不満が異なることから、その対応が幅広いものとなってしまい、そのせいでサービス自体が倒れてしまうといった事態が起きかねない。段階的なサービス拡大についても、後述するアジャイル開発の手法で進めることが有効だ。便益が高いサービスをデジタル化することで、データもより多く蓄積されることになり、結果として次のフェーズを進めるうえでのメリットが高まる。

　第1フェーズを通じてユーザーの申請データ等が蓄積されると、初めてデータ分析が可能となる。これが第2フェーズだ。

　前述のとおり、申請データの蓄積は、サービス改善や政策立案に対する分析の基礎となる。加えてデータの持つ意義を抽出するには、組織内へのデータ利活用に関するリテラシーの拡大が必要になる。

　このような話をすると、すぐにデータサイエンティストが必要、AIを活用したデータ分析をしようといった議論に陥りがちだが、その前に、職員1人ひとりがデータ利活用の意義を理解できる環境づくりが重要だと考える。現場の行政官自身が、データから政策やサービスの改善を考えることの効果を理解しなければ、継続的な取り組みとならないからだ。そこで経済産業省では、最初のステップとしてデータ可視化のツール導

入を進めた。そして、ツールを活用する職員向けの勉強会などを開催し、データを自ら可視化できる職員を増やしていった。

　経済産業省内では有志の勉強会が頻繁に開催されているが、不定期にこうした勉強会を開催することで関心のある人を捕まえていくことも目的だった。また、中小企業庁などでは実際にデータ可視化ツールを全庁的に導入しており、これを利用する人を対象に勉強会を開催した。

　勉強会は、データ可視化ツールを提供するベンダーのエキスパートを講師に招き、一緒にツールを操作しながら講演してもらうスタイルから始めた。データ可視化ツールを使える職員が増えてきたら、各部署の職員がどんな使い方をしているかをお互いにシェアする場を設けた。

　結果、現在ではこの可視化ツールを利用して職員自身が白書等のグラフを作成できるようになったばかりか、統計データを中小企業向けに可視化して発信するグラレスタ*8 といった取り組みなども進んだ。可視化してデータのインサイトもつかめない組織が一足飛びに計量経済学やAIに手を出そうとすると、委託などを通じてその瞬間は機能するかもしれないが、お金の切れ目が縁の切れ目になってしまう。デジタルリテラシーとともに、こうしたプロセスを通じてデータリテラシーを高めることも重要な組織変革のポイントだ。

　第3フェーズは、第2フェーズを通じて得られたインサイトに基づき、サービスの改善、政策の立案を行うことだ。たとえば、GビズID発行では、日々申請と発行件数のデータを追うことで、その発行キャパシティがオーバーしないかをモニタリングし、それにあわせて、キャパシティ

*8

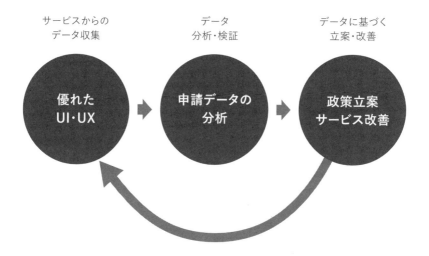

サービスからの データ収集	データ 分析・検証	データに基づく 立案・改善
優れた UI・UX	申請データの 分析	政策立案 サービス改善

データを中心に行政サービスを改善するサイクルを生み出す

オーバーしそうになった場合の打ち手を検討している。また今後、Jグランツとゝビズインフォの連携などが進めば、どういった特徴の企業がどの補助金を頻繁に申請するかなどの情報がわかってくるだろうし、補助金の公募要綱をそれにあわせて変えていくといったことも可能になるだろう。第1フェーズに戻って、これらの改善点を反映していくことが、サービスの質や事業者のニーズにより最適化されたサービス提供につながる。

　つまり、第1フェーズから第3フェーズまでを繰り返すことで、データを軸としたサービス改善のポジティブサイクルが回っていく。このプロセスの一部をAIなどによって置き換え、自動化することができれば、改善のプロセスはさらに速度を増していく。言い換えれば、このプロセスが確立しない段階においてAIを活用した自動化を試みようしても、

ほとんどうまくいかないと考える。

　また、いかなるサービスも、根本的には人が人に対して提供するものだから、完全にすべて機械で自動化できるといった幻想は捨てなければいけない。インプットするのが人間であれば、そのサービスのアウトプットを受けるのも人間であることを忘れてはいけない。だからこそ、人間とのインタラクション（相互作用）を含めたデザインの考え方であるサービスデザイン思考が重要となってくる。

経済産業省DXができていないことと、これから目指すこと

　このように、私は経済産業省でさまざまな取り組みを進めてきたが、2021年時点でまだまだできていないことは多く存在する。現段階は、何をすべきかが見えたこと、その最初の入り口のプロジェクトや組織体制が形になってきたに過ぎない。

　経済産業省が次に行うべきことは、まずはデジタルサービスのガバナンスのさらなる強化だ。クラウドサービスの活用が増加してきたことによって、これらをいかに統合的に管理できるかがサービス構築の効率化にとって重要になる。たとえば、現在は同じクラウドベンダーのサービスをシステム構築に活用している場合でも、それぞれの部署がバラバラに調達しているといったことが起きている。これでは、どのサービスが、どのベンダーのクラウドサービスを、どれだけ利用されているかが把握できない。また、本来であれば、そのクラウドサービスを一括で調達したほうが、ボリュームディスカウントなどコスト面でも低減できる可能性があるのに、それができていない。サービスの類型にあわせて、どのようなクラウドサービスを利用すべきか整理し、それらを一括して調達していくといったことを目指す必要がある。

ソフトウェアでいえば、サービスの共通化は、GビズIDやJグランツなどで実現が進んできているが、それよりもう一段踏み込んだソースコードの再利用などはまだ進んでいない。今後、プロジェクト管理ツールのGitHubなどを活用して、ソースコード自体を管理し、開発の際には再利用できるような環境を整備していくことが開発のさらなる効率化につながる。

　開発プロセスの確立については、経済産業省でもデジタル化推進マネージャーを中心にプレイブックを策定[9]するなどその取り組みが進んできているが、きちんと実践に落とし込んでいく必要がある。特にサービスデザインについては、どのような形でこれをプロセスに取り入れていくのかまだまだ手法が確立していない。

　また、サービスの内製化が最終的な組織の目指すべき姿だとして、現在進めているのはローコーディングツールといったエンジニアがコードを書かなくても一定のツールに関する知見を持てばサービスを開発できる環境の構築だ。現在、Gビズフォーム[10]という名前でその活用を進めているが、職員自身が、自分の部署のサービスを自分で構築できるようになるのが最も理想的な状況だ。

　なぜなら、現在の行政サービスの開発においては、どういったサービスをつくりたいのかといったベンダー側へのディレクションとプロセス管理に多くの時間が割かれているからだ。サービス開発を職員自身ができるようになれば、自分の部署でサービスをクイックに提供できるようになるはずだ。サービスで提供したいことは、本来、その部署で担当し

*9　　　　　　　*10

ている職員が一番わかっているはずだ。であれば、自部署の業務を最も
わかっている人がサービスを開発することが、最も効率的であると言え
る。経済産業省の抱える行政サービスには手続き件数が少ないものもあ
り、こうしたものを1つひとつ外部委託してデジタル化することのコス
トは非常に高くなる。そこで、共通のローコーディングツールでサービ
スを開発していけば、ソースコードの再利用と同様、それまでそのツー
ル上で開発したサービスの部品（コンポーネント）の再利用によって、よ
り早くサービスを開発していくこともできる。

このような内製化を進めるうえで、一番重要で、かつ難しく、いまだ
実現していないことは、行政官のデジタルリテラシー、データリテラ
シーの向上だ。

行政官のデジタルテクノロジー、データ利活用に関する理解という組
織的な基盤がなければ、サービスの内製化は実現しない。これまでの取
り組みを一緒に進めてきた部局においては、担当する職員のリテラシー
向上が図られ、デジタル化の意義についても浸透してきているが、プロ
ジェクトが進んでいない部署においてはまだその重要性が認識されてい
ない。自分たちがサービス提供者であるというマインドセットの転換と、
デジタル領域で最低限理解しておくべき知見の習得が進まなければ、IT
企業のような行政組織には経済産業省も変革されないだろう。

Chapter 4

行政組織に欠けている
2つの思考

ユーザーの視点と全体最適の視点

　ここまでは、経済産業省の取り組みを１つのケースとして見てきたが、行政官は、具体的にどのような考え方、手法を身に付けなければいけないのか。ここからは、私の留学や実践のなかで得た知見を体系化して説明していく。

　デジタルサービスを開発するうえで必要となるのは、サービスデザイン思考、アーキテクチャ思考の２つの思考である。

　行政官自身が、ユーザーである市民や事業者の目線で自らのサービスを考えていくことがサービスの満足度を高めるうえで重要であり、その際に踏まえておくべき考え方をサービスデザイン思考と呼ぶ。

　また一方で、行政組織はさまざまなサービスを提供するが、デジタル技術を活用して効率的にサービスを展開するためには、全体最適の視点から行政システムやそれに関連する構造を把握することが必要であり、その考え方をアーキテクチャ思考と呼ぶ。

　この２つの思考がデジタルサービスをどのように実現するかの大前提の姿勢となる。ここでは、この２つの思考を理解することで、デジタルサービス提供における基本的姿勢を示していく。

サービスデザイン思考とは

　ユーザー体験を向上させるためにはサービスデザイン思考が重要だとされるが、具体的にはどのような考え方なのだろうか。

　サービスデザイン思考を構成する重要な概念の１つとして人間中心のサービス設計というものがある。つくり手の都合によってサービスをつくるのではなく、ユーザーの立場に立ったときにどのような使い勝手のサービスだったら使いやすいのかを検証し、形にしていくものだ。サー

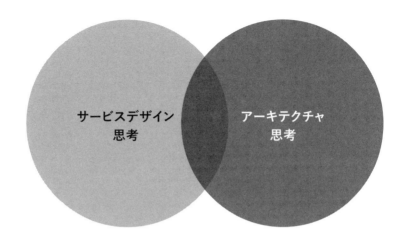

ユーザーの視点 × 全体最適の視点

ビスデザイン思考の基礎となるデザイン思考は、Appleのマウスをデザインしたデザイン会社のIDEOが提唱した考え方で、製品のデザインにおける考え方を、サービス等、さまざまな領域に広げるために整理した方法論である[11]。

　デザイン思考では、まず、ユーザーを観察し、そのユーザーが抱える課題（ペインポイント）が何かを特定する。そのうえで課題を解決するアイデアを創出し、具体的に課題を解決する製品・サービスを形にし（プロトタイピング）、ユーザーに利用してもらい、その有効性を検証する。このプロセスを繰り返すことで、ユーザーにとって使いやすいサー

*11

ビスを実現していく。

　こうしたプロセスをとることによって、よりユーザーの使いやすさにあわせたサービスが提供できるようになる。デザイン思考の方法論は、スタートアップがサービスを開発する際にも取り入れられており、リーンスタートアップなどと呼ばれる[*12]。ユーザーを中心に置いてプロダクトを考えることで、つくり手の都合でものをつくらない点が、それまでの工業製品の生産効率等を優先した考え方からの反省として示されている。

　では、サービスデザイン思考はデザイン思考とどう違うのか。サービスデザイン思考とデザイン思考は基本的な姿勢は同じだが、対象の範囲が異なる。経済産業省の報告書によれば、サービスデザイン思考とは、「顧客体験のみならず、顧客体験を継続的に実現するための組織と仕組みをデザインすることで新たな価値を創出するための方法論である」とされている[*13]。小売でいえば、「商品を購入する」といったプロセスのなかの特定の接点（タッチポイント）における体験だけでなく、顧客が商品を認知する／購入する／利用中にメンテナンスをする／トラブルサポートを受けるというように、複数のタッチポイントを通した体験を連続的な1つの体験として捉え、これをいかに最適化していくかに関する方法論である[*14]。行政サービスもこれと同じで、手続きによって申請などのさまざまなプロセスを経て提供されるわけだが、その一部のみを考えるのではなく、全体として住民や事業者に満足してもらえるようなデザインとなっているかが問われるのだ。

*12

*13

*14

ユーザーのニーズを探索しながらサービスを考える

　サービスデザイン思考において重要なのは「あいまいさを抱きしめる」という姿勢だ。

　ユーザーにとってどのようなサービスが使いやすいかは、観察、試行、検証を繰り返すことで見えてくる。どういったサービスが市民にとって有効かは初めからはっきりと見えていることは少ない。データの分析結果によるユーザーの傾向から対策を考えたとしても、そのデータの解釈が間違っていれば、的外れなサービスになりかねない。ビッグデータに基づく分析よりも、数人のユーザーの詳細な観察から得られるインサイトのほうが、より正確にユーザーの特徴を捉える場合もある。初めは小さくサービスをつくり、ユーザーによる利用動向を観察・検証しながら改善していったほうが、最初から決まったやり方に大きな投資をするよりも実はコスト効率的にも高いといったことがありうる。

　このように、最初からすべてを決めすぎず、ユーザーを観察しながらサービスを発展させていく考え方を、「あいまいさを抱きしめる」という言い方で表現している。

　このような姿勢を維持するには、「失敗はなくすべきものではなく、学ぶためのものだ」という考え方も重要だ。

　行政による施策の失敗はメディアで大きく取り上げられることも多く、その説明対応に終始してしまいがちだ。しかしながら本当に大切なのは、その失敗から学び、次のサービスに活かすことだ。行政は、失敗に対する批判を恐れるあまり、100％完成した状態でリリースしたい考えに陥りがちだが、その結果として、サービスを早く提供していれば得られた利便性を犠牲にしていることもある。

　ここにおいても、小さくスタートし、失敗したときの市民に対するマ

イナスのインパクトを最小化するとともに、70％の出来でもいいから
ユーザーにサービスを早く届けることが有効との考え方を持てるかが大
切になる。

　一方で、この考え方が組織のカルチャーとして共有されていなければ、
1人の行政官ではその姿勢を貫くことは難しい。このため、トップマネ
ジメントも含めて、この考え方が許容されるような組織全体の意識を変
えることが重要だ。

　加えて、ユーザー側においても、サービスの不都合を批判するのでは
なく、具体的にどういった改善を望むのかをフィードバックしていくこ
とが、より自分たちの使いやすいサービスの提供につながる。つまり、
サービスを提供する側とユーザーが一緒によいものにしていくことがで
きる。

N＝1から始まるビジョンと
それを実現するビーコンプロジェクト

　デザイン経営を主題とした多摩美術大学のクリエイティブリーダー
シッププログラム（TCL）に2021年1月から3カ月間通っていた。そ
の講義やワークショップのなかでも、サービスデザイン思考の考え方に
ついてさまざまな角度から学ぶことができた。

　プログラムを通じて重要とされていたのは、自分の内発的な動機を大
切にするということだ。これまでの自分を振り返り、大切にしてきた価
値に基づいて将来のビジョンを描くことができなければ、それを本心か
ら自分のミッションとして位置づけることができないからだ。

　私自身のケースに当てはめれば、入省初期のつらいコピー取りなどの
単純労働の原体験と、留学中にデジタル先進国政府の目覚ましいデジタ
ル化を目の当たりにした経験が自分の内発的な動機を形成し、「日本の行

政を、デジタル化を通じて抜本的にアップデートすることで、行政官が
より創造的な業務に注力できる環境を実現するとともに、日本をより暮
らしやすい社会にしたい」ということがビジョンとして定まった。

　「N＝1」の感覚、つまり自分自身の感じることを大切にしようという
ことだ。「N＝1」というのは通常統計等でサンプル数を表す際に「N＝
●」という表現をすることから、参考とするサンプルが自分自身だけの
1人であることを指す。統計的には、サンプル数が多ければ多いほどよ
いと考えられるが、実際にそのサンプルとなった人たちの機微な感覚や、
なぜその課題に至ったかが見過ごされてしまう。それよりは、自分自身
の感覚に基づいて本当に課題だと思うことをどうやって解決するかとい
う姿勢こそがより重要であることを示す言葉だ。サービスデザイン思考
では、データのみに基づく判断を批判的に捉え、実際の人間としての感
覚を尊重することでより本質に迫った観察が可能となり、課題に迫るこ
とを目指すのだ。
　そして、自分たちのビジョンを具体的に体現するプロジェクトのこと
をビーコン（灯台）プロジェクトという。その名のとおり、実際にビ
ジョンを達成する道を照らす、象徴的なプロジェクトをこう呼び、これ
を実現していくことで世の中に対して自分たちが提供したい価値、実現
したいビジョンを現実のものとしていくのだ。
　今振り返ると、経済産業省DXの取り組みにおいては、まず事業者の
ニーズの高い手続きの利便性を高めたい、行政官の業務の手間を減らし
たいとの思いから、補助金申請を電子化して使いやすくする、GビズID
とJグランツがこのビーコンプロジェクトであったように思う。
　そして、このビーコンプロジェクトを実現するうえでも「N＝1」の
感覚は重要となる。サービスのユーザー体験のなかにある課題に気づき、
それらをどのようにして改善すべきかについては、1人の人間としての

自分の感覚というのが重要になってくるのだ。大規模なサービスを提供する際も、自分の感性によってそこにある違和感を捉えて、サービスの改善に活かしていくという姿勢が、サービス開発のなかでも求められる。

　自分自身の感じることを大切にしようという「N＝1」の考え方は、ユーザー視点に立ってサービスを考えようというサービスデザイン思考と矛盾するように見えるかもしれない。しかし、サービスを提供するわれわれ自身が、ユーザーの心理や、感覚に憑依できたとすれば、自分＝ユーザーとなり、自分自身の違和感が、ユーザーの感じる違和感そのものとなる。そのような状態を実現するのは非常に難しいことだが、サービスを受ける相手が人間である限り、同じ人間として何に違和感を感じるのかは想像できるはずだ。

ビジョンと自分の業務の関係性を理解することでサービスをより深く考えられる

　行政組織の仕事は、前述のとおり２〜３年でポジションが変わっていき、現状では常に自分が関わりたいと思っている分野ばかりが回ってくるわけでもないだろう。一方で、それぞれの部署で自分のビジョンを設定し、そのビジョンと自分の仕事の関係性を整理できれば、もっと自分ごととして仕事に取り組めるのではないか。

　私のケースで言えば、１〜２年目の部署は企業向けの税制改正を取りまとめる部署だったが、自分のなかでは「税制というツールを通じて、今後発展が期待される産業分野の投資を促し、日本の企業の産業競争力を高める」というのがビジョンとして整理できた。そして、そのビジョンを実現する末端の作業として自分が今このコピー取りをやっているのだ、と理解することでその意義を見いだした。

　自分がやっている仕事を、ビジョンとの関係性のなかで意味づけられ

ると、１つひとつの業務でより効果的な方法がないかの模索が始まる。なぜなら、ビジョン達成との関係でどういうアクションを起こすことが重要かをより深く考えることになるからだ。

たとえば、税制に関連する報道情報を整理して部署内に提供することが当時私の仕事の１つだった。その際、自分が届ける情報が実際に税制改正の調整を行う担当者の判断材料になり、それがビジョンの実現に貢献すると捉えることで、情報をどのように編集して、部署内の誰に届けるべきかより深く考えることにつながった。また、情報を受け取った人が内容をより素早く理解できるようにするため、簡単なサマリーをつけ、情報の取捨選択がしやすいようにした。

自分の業務がどういったビジョンを達成することにつながっているかを意識することができれば、単純だと思っていた作業も、ビジョン達成のために工夫して仕事に取り組むことができる、ユーザー視点に立つことができる。

報道情報の整理・提供を１つのサービスとして見た場合、ユーザーは多忙な部署内の行政官であり、その人たちがどうやったら有用な情報に効率的にアクセスできるか、というサービスデザインをより追求することになる。相手の立場に立って、どういう形だったら受け取りやすいか、見てくれるかを考えることが必要となる。こうした工夫は、その部署が達成すべきビジョンを自分のなかで腹落ちした形で設定できていなければ自発的に行うことはできない。ビジョンとの関係性のなかで自分が業務で果たすべき役割を定義することで、より付加価値の高い業務や、市民に対して提供すべきサービスは何かを考えられるようになるのだ。自分たちの業務１つひとつが誰かのためのサービスであり、それは大きなビジョンを達成するための一部なのだと考えれば、より納得感を持って自分の提供するサービスを考えることができる。

海外政府でのサービスデザイン思考の導入

　海外ではすでにサービスデザイン思考に基づいた行政サービスの開発が進んでいる。

　シンガポール政府から2018年にリリースされたアプリ「Moments of Life（Families）」では、子どもが生まれた瞬間から子育てに関する行政サービスがワンストップで提供されている[*15]。

　出生届はアプリから直接行うことができ、その情報に基づいて子育て支援金が自動で申請が行われ、口座に振り込まれる。このアプリでは、どのような予防接種を、いつ接種すべきかといった情報の通知や、健診等の病院予約をはじめ、保育園がアプリのマップ上から調べられ、どの保育園がいくらかかるかといった情報や入園の問い合わせまでも可能となっている。加えて、子育ての際に知っておかなければならない基礎知識や、支援情報などもこのアプリからワンストップでアクセスできる。

　このアプリのリリース後2020年時点では、7割の新生児がこのアプリを通じて出生届されており、子育て世代にとって利便性の高いプラットフォームになっている。このサービスを開発するに当たっては、GovTechだけでなく、関係する行政機関がすべて参画し、サービスデザインの視点から開発された。エストニアでも同様のアプリがすでに導入されており、各国でユーザーを中心としたサービス開発が実践されている。

　加えてシンガポール政府は、同様のコンセプトで、子どもが学校に通う親向けのアプリや高齢者支援向けのアプリなども開発し、2020年9月からはLifeSGというユーザーニーズにあわせてカスタマイズできるアプリをリリースしている[*16]。

こうしたサービスデザインの考え方は、デンマークのマインドラボという組織が先行して導入してきた。この組織はすでに解散したが、創設者である現・デンマークデザインセンター所長のクリスチャン・ベイソンさんの話を伺う機会があった。

　印象的だったのは、行政官に対してユーザーの視点を理解させるために、実際に役所の窓口でビデオカメラを回しながら、市民の方にサービスの使い勝手についてインタビューし、その映像を政策担当の行政官に見せたというエピソードだ。

　映像のなかで市民が自分たちの行政サービスの使い勝手を酷評する映像を見ることで、行政官たちはいかに自分たちのサービスが市民に負担をかけていたかをリアルに知ることになる。自分たちのサービスに対してユーザーがどういった反応をするのかを行政官自身が見るという体験をしない限り、どのように届いているのか知ることができない。管理主義に陥り、自分たちのサービスの使われ方が把握できていない状況自体が問題であり、その環境を変える必要があるというのが強く印象に残った[17]。サービスにとどまらず、政策立案においても、ユーザーに実際に届いた状況を想像しながら検討することが重要だろう。

*15

*16

*17

「飛行機に乗る」という体験におけるサービスデザイン

サービスデザインを取り入れている例として、空港や航空会社の事例を紹介する。

シンガポールのチャンギ国際空港はアジア最大級のハブ空港と知られているが、2017年に開業した第4ターミナルは、なるべく飛行機に乗る人の負担を減らすため、ターミナルでのユーザー体験をデジタル技術を活用してデザインしなおした。

ターミナルでのチェックインの際は、航空会社の窓口で並ぶ待ち時間が長くストレスに感じた経験がある人も多いだろう。チェックインで時間がかかるのは、人がチケットのチェックと手荷物の預かり作業のプロセスを一度に行っているからだ。手荷物を預ける必要のない人も、預ける人が手続きをする間、待たねばならばならず、ボトルネックが生じ、ユーザーの不満がたまる。また、チェックインの際に航空会社の職員とやりとりをしなければいけない部分もストレスにつながる。

チャンギ国際空港第4ターミナルでは、従来のエアラインごとのカウンターを配さず、複数のチェックイン用端末が整然と並んでいる。こうすることで、人の介入によるやりとりを減らし、多くのユーザーが一度にチェックインできる環境を用意した。

そのうえで、荷物の預け入れがある人のみ手荷物引き取りエリアに移動させる。荷物を預ける人と預けない人とを分けてプロセスを効率化し、荷物を預けない人の待ち時間を減らした。荷物を預けるプロセスも、ユーザーが自動手荷物預け入れ機を利用することで、以前よりも多くの手荷物預け入れが一度に手続きできるようになり、待ち時間の削減を実現させている。

また、出国審査は、パスポートの写真と顔の画像の認証を行うことで無人で完了する。さらに、機内持ち込みの手荷物検査は搭乗口で行う仕組みになっているため、出国審査後のボトルネックも生じない形になっている。

こうした形でユーザーのプロセスを洗い出し、デジタルテクノロジーを活用することにより、人の介在するプロセスを最小化するとともに、より多くの人が一度に搭乗の作業を行える環境を実現することによって、ストレスを最小限に抑えることに成功している。しかも省人化を図ったことにより、高齢者等、よりクリティカルに助けが必要な人に対して従業員が支援を行うことが可能になった。全体としてより多くのユーザーにとって最適な体験を届けている[*18]。

このほか、一部の航空会社では、顧客データを社員間で共有することで、さまざまなタッチポイントでその顧客にあわせたサービスを提供するといった取り組みも進んでいる。たとえば、過去の搭乗時のデータから好みの座席を予約時にリコメンドしたり、機内食の好みをあらかじめ把握してサーブしたり、希望するアメニティを提供したりといったことが可能になる。

　また、搭乗後もその顧客の好みにあわせてeコマースで土産物をリコメンドするなど、顧客に寄り添ったサービスを提供することでブランドの差別化を図り、ロイヤリティを高める取り組みも見られる。こうしたブランドに対するロイヤリティの向上は、自治体による行政サービスなどにおいても他自治体と差別化を行ううえで重要な視点となるだろう。

（出典）チャンギ国際空港HP
（https://www.changiairport.com/content/dam/cacorp/
publications/issues/Oct_Article3.jpg）より抜粋

＊18

アーキテクチャ思考とは

サービスデザイン思考がユーザー体験の向上に重要な一方で、行政デジタルサービスの全体を考えた場合、総体としての行政システムが効率的に設計されているかといった視点も非常に重要になる。

全体最適を考えた場合、さまざまなサービスに共通して必要な機能を複数の行政機関で別々に開発すると、投資が重複するだけでなく、運用においても煩雑になっていく。金銭面でも人材面でもコストが大きくなっていく。

また、それぞれの行政組織でバラバラのインターフェース、プロセスのサービスがリリースされるとユーザーのサービス体験としても煩雑化していってしまうため、全体構造を意識しながらシンプルに構築することが重要だ。従来の行政システムはこうした全体構造が十分に整理されておらず、まさに各省庁、自治体で個別に構築されている。そのため、システムが非効率かつ複雑で、ユーザーにとって使いづらいという状況が生じていた。デジタル庁の設置はまさにこうした状況を打破するためにも意義があるものと言える。ここで必要なのがアーキテクチャ思考である。

デジタルサービスを考える場合、それを構成するレイヤー（階層）を整理してみることで、どういったレイヤーを共通化し、どういった部分を個別化していくべきかを、政府全体で共通認識として捉える必要がある。

私の以前の上司であった西山圭太東京大学客員教授がアーキテクチャ思考を提唱し、よく食べ物のたとえを使って説明するのでこれに倣うと、アーキテクチャ思考とは、システム全体をパフェのような層の重なりとして理解することだ。パフェのおいしさは、幾重にも重なるさまざまな

アイスクリーム

イチゴ

クリーム

スポンジケーキ

ヨーグルト

ソース

イチゴパフェのアーキテクチャ

層を一体として味わうことにある。ソースの層、ヨーグルトの層、スポンジケーキの層、イチゴの層、アイスクリームの層は、それぞれ異なる層として独立しているが、相互に重なり合い、接続している。これらが一体のものとしてデザインされたときに、パフェという食べ物が成立し、特有の味となるわけだ。パフェの各層はどのような食感や味をもたらすかを意図して決められ、どのようなパフェをつくるかで何を材料とするのかが変わる。時代の流行によっても何を材料に選ぶかは変わってくるだろう。皆がパフェのレシピを理解していれば、誰もが同じパフェをつくることができる。

　もう少し他の例を見てみよう。これを建築に置き換えるとどうか。建築家は、建築物を建てる際に複数のレイヤーの全体を捉えながらデザインしていく。まず、建築の目的のレイヤーがあり、建築家はこれをいか

に満たすのかといった複数のアイデアの総体としてのコンセプトをまとめていく。次に、その目的を満たすための設計のレイヤーがある。ここでは空間を構成するさまざまなパーツを配置し、全体の構造物の設計を行う。工法のレイヤーでは、その建築の構造をどのように構築するかを検討する。さらに部材のレイヤーでは、どこにどんな素材、材質、色の素材を建造物に利用するか考えるだろう。

　それぞれのレイヤーにはその全体を構成する要素があり、その要素を組み合わせることにより、そのレイヤーの全体が表現される。設計図はすべての構造を網羅する必要があるし、部材はそれぞれの建造物のパーツに割り当てられなければならない。またレイヤー間は相互に影響しあっており、同時に変わっていく。たとえば、工法のレイヤーで新しい工法として3Dプリンティングが導入されれば、部材のレイヤーではこれまで利用されなかった素材が利用されるかもしれない。3Dプリンティングによって新たな構造を実現することが可能となれば、設計のレイヤーでも新たな設計の表現が生み出される。

　建築のケースで当てはめてみたが、まさにアーキテクチャ思考と呼んでいるのはこうした建築の考え方に近い形で物事を構造化し、複数のレイヤーの重なりとしてさまざまな世の中の仕組みを観察していく姿勢を表している。そしてそのような構造化とあわせて、部分と全体の関わり合い方を把握することで自分の仕事が全体にとってどんな意味を持つかを捉え直すことが目的となる。

　建築を行政システムに置き換えてみる。建築の全体構造に当たるのは行政システム全体のアーキテクチャであるから、行政サービスに関わる人がこれを理解し共通認識とすることが重要である。多くの場合、われわれ行政官の仕事は大きな全体構造のなかの一部を担当している。しか

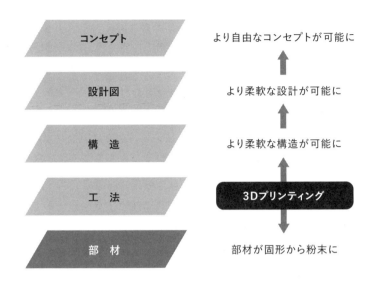

建築のアーキテクチャ

しながら、多くの行政官は、その一部が全体にとってどういう役割を果たすのかを認識していない。それゆえ、全体のなかで自分が担当している部分をどう捉えるのかによって結果は大きく変わってくる。その役割と明確に捉えるうえでも、アーキテクチャの理解が役立つ。

クラウドコンピューティングによる ITシステムアーキテクチャの刷新

デジタルサービスのアーキテクチャを理解するには、ネットワーク、サーバ、OS（オペレーションシステム）、開発環境、ソフトウェアといった物理層からバーチャル層までのレイヤーの整理をどのように行うのかが重要となる。以下では、2021年現在、アーキテクチャ思考をITシステムに適用するうえで押さえておくべき技術的なコンセプトを紹介

していきたい。

　クラウドコンピューティングとは、大雑把に言えば、「ユーザーが物理的なサーバ等を所有しなくてもインターネットを通じてサービスとしてソフトウェアを開発・利用できる」というものだ。

　こうした概念は、ネットワーク層における回線の大容量化と高速化からスタートしている。大規模なデータセンターにリソースを集約し、インターネットを通じてソフトウェアを各端末で活用しようというクラウドコンピューティングは、データを高速大容量でやりとりできることが前提となっており、このネットワーク層の革新に支えられている。日本では1990年代後半から2000年代にかけてのADSL、光回線の進化があり、ネットワーク環境の整備が進んだが、2021年現在、さらに低遅延・大容量の5G整備が進んでいる。

　次にサーバ層の革新として大規模なデータセンターの設置が進んだ。ネットワークの大容量・高速化により、それまで各ユーザーが設置していたサーバを、大規模なデータセンターに置き換え、みんなで共同利用すれば、規模の経済により安価にリソースの活用が可能になるというのがその革新である。これはAmazonに代表されるようなeコマース企業で生じる大量の売買取引や、需要の変化による計算リソースの変動を考えた場合、その需給に応じてリソースを柔軟に可変させるニーズにも合致している。これまではサーバのリソースに制約があり、拡張性や柔軟性がなかったのだが、これが可能となった。

　このリソースの利用をサービスとして提供するのがInfrastructure as a Service（IaaS、イアース）という概念だ。Amazonは、自社のeコマースサイトで活用するためのデータセンターを、他の組織や個人でも利用可能な形で標準化させたサービスとして、2004年からAmazon Web Service（AWS）という事業として提供しはじめた。AWSにより、

IaaSの概念は広く知られることになった[19]。

続いて、OS、開発環境についても、標準化されたものがあれば企業等がIaaSを活用したソフトウェア開発が効率化するだろうと提供されはじめたのが、Platform as a Service（PaaS、パース）である。

PaaSは、2007年に顧客管理（Customer Relationship Management、CRM）のソフトウェアをクラウドで提供するセールスフォース・ドットコムが提唱しはじめ、彼らのソフトウェア開発環境を一般ユーザーにもサービスとして提供しようということでその拡大が進んだ。これによって、PaaSを提供するクラウドベンダーはそれまでは各企業が一から整備しなければならなかったサーバの開発環境までの標準化を進め、誰もがその環境でソフトウェアを効率的に開発できるようになった。これがITサービスを開発する企業の増加も加速させた。

こうしたネットワーク、サーバ、開発環境の各レイヤーの標準化を通じて、開発者がソフトウェア開発に集中できる環境が揃ったことによって特定のサービスに関するソフトウェアをウェブサービスとして提供するSoftware as a Service（SaaS、サース）が実現した[20]。かつては、ソフトウェアはCDからパソコンにインストールして利用するのが主流だったのが、今ではオンライン経由で利用するのが当たり前になっている。さらに、これらのソフトウェアはインターネットを通じて、同じものをより多くの人に、ほとんどコストをかけずに届けることが可能となり、アップデートもサーバにあるプログラムを改修すれば即

*19   *20

座にユーザーに届けることができるようになった。Microsoft Officeの
ソフトもかつてはCDを購入して、これをインストールしていたが、現
在ではMicrosoft 365としてクラウドベースでインターネットから直接
アップデートが行われ、常に最新のサービスが使えるようになってい
る。Facebookなどもウェブサービスとして頻繁にソフトウェアのアッ
プデートが行われている。

　さらに、SaaSはリアルサービスのソフトウェア化をもたらしている。
X as a Service（XaaS）という考え方も一般的になった。たとえば、CD
やビデオはSpotifyやNetflixを通じて、モノを介さずPCやタブレット、
スマホがあれば、サービスとしてどこでもストリーミングで視聴できる。
これらは、Music as a Service、Video as a Serviceと言えるだろう。車
や自転車も所有からシェアリングによって必要なときに移動手段とし
てサービスを受けられるようになった（Mobility as a Service、MaaS）。
最近では服のシェアリングサービスもあり、所有から解放してくれる
（Clothing as a Service）。このように多くの産業は、"所有"から"利用"
に変容している。

　X as a Serviceの特徴は、クラウドコンピューティングを活用したソ
フトウェアにより、①低費用でスケールが可能であり、②ソフトウェア
のアップデートが容易であるため改修のサイクルが短く、③買い切りで
はなく定期購買型（サブスクリプション型）のサービスとなっているこ
とである。X as a Serviceはソフトウェアを起点としてサービスが提供
されるため、このソフトウェアの使いやすさが差別化における大きなポ
イントになる。定期購入モデルであるため、スイッチングが簡単にでき
るがゆえに、ユーザーのエンゲージメント（そのサービスを好んで使い
続ける傾向）を高め、ユーザーに継続的に利用してもらうことが競争戦
略となっている。

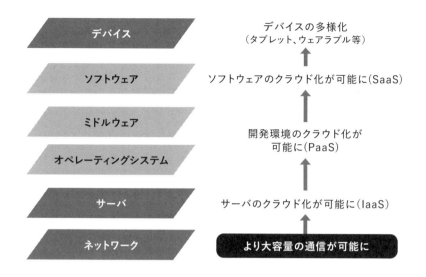

クラウドコンピューティングのアーキテクチャ

　ここまで見てきたように、現在のITサービスの進化の背景を前述のようなレイヤー構造で正しく理解しなければ、なぜ現在のような民間サービスが増加しているのか理解できない。この理解が基礎となって初めて、行政システムの抱える課題も議論できるようになる。さらに、こうしたクラウドコンピューティングのアーキテクチャとあわせて、いくつかの概念を理解しておく必要がある。

APIエコノミーによるソフトウェア機能のモジュール化

　ソフトウェアの開発環境が標準化していくにつれ、すべてのソフトウェアの機能やデータベースを自分で開発しなくても、各企業が開発するものを利用しながら開発したほうが、よいサービスが迅速につくれるといった概念が生まれてきている。こうしたソフトウェアの機能・デー

タベースへのアクセスを他のソフトウェア開発環境に提供するインターフェースのことを、API（Application Programming Interface）と呼ぶ。

　APIの活用を通じたソフトウェア開発のメリットとしては、APIを通じて提供される機能のアップデートをその提供者に任せることで各自が提供する最新の技術を導入できること、さまざまなAPIのなかで自社の開発環境に合ったものを選ぶことができるなど、より柔軟に環境変化に対応したソフトウェアの改変が可能となり、ソフトウェア開発の効率化につながる。

　たとえばUberは配車予約アプリだが、このサービスを構築するには、①ユーザーと車の位置情報が互いに確認できる機能、②ユーザーと運転手が連絡を取り合える機能、③運賃を支払う機能の３つが最低限必要である。Uberは、これを実現するために、①はGoogle Maps APIの活用で位置情報を取り入れ、②はクラウド電話API提供企業Twilio（トゥイリオ）のAPIを通じて通話やSMSの機能を取り入れ[21]、③は決済プラットフォームBraintree（ブレインツリー）の決済機能に関するAPIを活用している[22]。このようにサービスに必要な機能は他社の提供するAPIを活用することで、自社での開発を行わず、配車と乗客のマッチングや互いのレーティングといったビジネスのコアとなる技術の開発に注力するという戦略をとっている。

　APIを通じてソフトウェアの機能を分化して開発し、それらを組み合わせてサービスを提供することは、すべて自社開発であったとしても、

*21　　　　*22

その一部にトラブルが生じたときに影響をその機能の部分に限定できる点においてメリットがあり、「マイクロサービス化」「ソフトウェア機能のモジュール化」と言われる。

　また、こうした考え方は、すべての機能を分離不能な形で構築する従来の「密結合」な構造のソフトウェアに対して、APIによる機能連携を前提としたソフトウェアを「疎結合」な構造と呼ばれる。以上からも、APIの整備が今後のソフトウェア開発の柔軟性を維持するうえで非常に重要であることがわかるだろう。

オープンソースソフトウェア（OSS）による
ソフトウェアの民主化

　クラウドコンピューティングの発達により、インターネットを通じてソフトウェアが共有しやすくなり、同じソフトウェアを世界中のさまざまな人が共同で開発できる環境も整ってきている。その結果として、オープンソースと言われるすべてのソースコードが公開されたソフトウェアが世の中のスタンダードとなるといったことも起こりはじめている。

　たとえば、コンテナと呼ばれる技術により、同じOS上であれば、下のレイヤーのサーバが変わっても、そのまま同じソフトウェアを活用できる環境の構築がメジャーになってきている。こうした環境の構築を実現するソフトウェアとしてDocker（ドッカー）がメジャーだが、このソフトウェアは2013年からオープンソースとして提供されている。Dockerを活用することで開発環境が標準化されていれば、ソフトウェア開発のスピードを上げられるほか、サーバに依存しないソフトウェア管理が可能になる。加えて、このコンテナを管理するKubernetes（クバネティス）といったソフトウェアなどもオープンソース化されており、

Googleがこれをリリースし、他のクラウドベンダーにも採用・導入されている。

　OSSは、ソフトウェアのソースコードが一般に公開され、商用および非商用の目的を問わずソースコードの利用・修正・再頒布が可能なソフトウェアと定義される[*23]。つまり、さまざまな人が、同じソースコードを元に独自のソフトウェアを開発し、配布するといったことも可能となっている。

　多くのOSSには、ベースとなるソースコードに対してバグの修正や、機能の拡張など、開発にコミットする人たちがさまざまなプルリクエスト（改善要求）を出すことにより、みんなでソフトウェアをよくしていこうという開発者のコミュニティが存在する。

　このようなOSSのベースのソースコードを管理するツールとしてGitHub[*24]というウェブサービスが有名であるが、これを利用してOSSのプロジェクトでバグや機能の追加に関する改善提案を行ったり、イシューと呼ばれる形で課題などを指摘したりすることができる。参加するディベロッパーの数が多ければ多いほど、そのソフトウェアに対する改善も早くなり、より優れたソフトウェアに早く到達できる可能性がある。たとえば、オープンソースソフトウェアであるLinux（リナックス）のソースコードは1000行あたり0.17個のバグに対して、ライセンス販売されている通常のソフトウェアのソースコードは一般的に1000行あたり20〜30個のバグがあるとされている[*25]。

*23

*24

*25

また、ベースとなるソフトウェアのソースコードを利用して新たなソフトウェアを作成することを、元のものから分岐するさまを指して「フォークする」と呼んでいる。これによって自分が必要とするソフトウェアを一からつくる必要がなく、すでに公開されているソースコードを改変することで早く目的の機能を備えたソフトウェアにたどり着ける選択肢を与えてくれる。

　コミュニティがきちんと育っているOSSのプロジェクトは優れたソフトウェアができている可能性が高い。すでにコミュニティがあることで開発者の多くがこれを利用しはじめると市場のデファクトになっていく。上述のとおり、APIエコノミーのなかでソフトウェアの標準化が外部のサービスとの連携においても重要になっており、こうしたデファクトとなるソフトウェアを活用していくことには外部システムとの相互運用などの観点でもメリットがある。

　OSSが普及すればコストはかからないかと言えばそうではない。受託開発を行うベンダーは、OSS利用者にあわせたソースコードの改変や、アップデートにあわせたメンテナンスなど、OSSをクライアントが利用するサポートをするビジネスを行うことが考えられるほか、自社の商用ソフトウェアのベースにOSSを利用するといったことが考えられる。言うまでもないことだが、オープンソースであっても当然そのソフトウェアを理解し、自分の組織にあわせた利用ができる環境を準備するにはそれを日々マネージする人材が必要になる。OSSにはライセンス費用が不要なものが多いが、ソフトウェアのライセンス費用がかからないことを持ってそれにまったくコストがかからないということではないので、その点は理解する必要がある。そして、このOSSの考え方が国・自治体でも素早く標準的なソフトウェアを実装することにつながる可能性がある。この事例については後述したい。

アーキテクチャ思考によって見える3つの層

　ここまでを踏まえると、デジタルサービスを考えるうえでのアーキテクチャ思考のポイントは、ネットワーク、サーバ、開発環境、ソフトウェアといった物理からバーチャルまでのレイヤー構造を理解し、「自分たちは今、どのレイヤーのことを議論しているのか」を意識し、関係者で共有することだ。

　また、クラウドコンピューティング、APIエコノミー、OSSの導入といったコンセプトの進化が、サービス開発の分業、疎結合を進め、データベースやシステム機能をモジュール化し、それらの組み合わせによってより素早くサービスを開発できる環境が整った。

　この結果として、ソフトウェアについてもレイヤー構造が生まれている。これはユーザーの実在を確認する認証基盤、サービスを提供するアプリケーション群、各アプリケーションで蓄積されたデータを連携させるデータ交換基盤、データを蓄積するデータベースといったレイヤーだ。特に多様なサービスを提供するデジタルプラットフォーマーは、こうしたソフトウェアのレイヤー構造を持っているはずだ。この点については次のチャプターでより具体的な事例を見ていく。

　物理ネットワーク、サーバ等のコンピューティング技術を第1層とするならば、バーチャルなソフトウェアのレイヤーは第2層と呼ぶことができる。実は社会のデジタル化を議論するには、さらにその上の第3層を意識する必要がある。

　では第3層とは何か。これは自然言語によるルールのレイヤーである。法制度は社会システムのコードであるとも言える。そして法令も、国会審議を通じて決められる法律から、政令、省令、自治体独自で決められる条例などのレイヤーに分けられる。中央官庁の通達、事務連絡などが

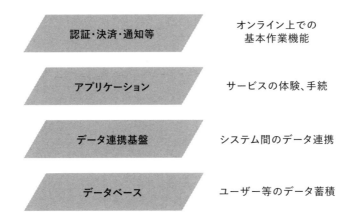

認証・決済・通知等	オンライン上での 基本作業機能
アプリケーション	サービスの体験、手続
データ連携基盤	システム間のデータ連携
データベース	ユーザー等のデータ蓄積

ソフトウェアのアーキテクチャ（第2層）

規範として働く場合もあり、この重なり合いのなかで社会秩序が生まれていると考えられる。さらに企業等の組織は、経営方針や就業規則などのルールを持っており、これらは上位レイヤーの法令の制約を受ける。

　なぜ、この自然言語ルールのレイヤーを意識しなければいけないのか。その理由は、現在の日本はこの自然言語によるルールのレイヤーがレガシー化しているため、ソフトウェアの機能に制約が生じていると考えられるからだ。たとえば、コンピューティング技術ではもっと効率的に事務を処理することが可能であるにもかかわらず、法律では書面を利用することを求めているからそれに従わなければいけないといった状況がある。この場合、法令のレイヤーが上位のレイヤーとして存在することにより、ソフトウェアで技術的には実現可能な機能が縛られていると言える。

ソフトウェアのレイヤーである第2層には、物理的なコンピューティング技術のレイヤーである第1層と、自然言語ルールのレイヤーである第3層の両方の制約が存在するということだ。経済産業省のDXレポート第1段[26]では特に第1層のサーバーのレガシー化に大きく焦点が当てられ、問題視されたわけだが、私は、今の日本がデジタル化で直面している課題の多くは第3層のレガシー化による要因のほうが大きいのではないかと考える。これは、法令による行政手続に関する規定がデジタル化に対応していないことのみを指しているのではなく、企業の経営方針や町内会のルールまで1つひとつの自然言語によるルール群が、デジタルテクノロジーによる置き換えの可能性を前提としていないことを指す。

　ソフトウェアは、機械言語を通じてコードという形で規則をつくることによって、事務処理を早く、正確に行うことができる。場合によっては自然言語で規定したルールのほうが人間を介在した結果として非効率になっているケースがありうる。当然、すべてのルールがソフトウェアの機械言語のコードで置き換えられるわけではないが、今後、法令も機械言語のコードで置き換えられる部分も出てくるだろう。

　そもそも法令は、対象を定義し、その対象の行為について、条件を設定したうえで制約をかける、もしくは規定したアクションを起こす権利を与えるものであり、ソフトウェアのプログラミングで行っていることと類似性が高い。異なるのは、自然言語のほうが意味のゆらぎの幅が大きく、解釈という形で人の判断の余地が残されていることだ。このため、意味のゆらぎの少ないルールについては、機械言語のほうが効率的にそれを処理できる。これは経済産業省で出している「GOVERNANCE INNOVATION Ver.2：アジャイル・ガバナンスのデザインと実装に向けて」の報告書にもつながる考え方である[27]。

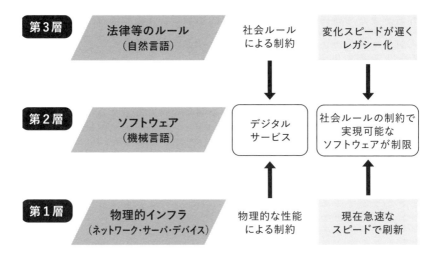

デジタル社会のアーキテクチャ

　このように概念を抽象化、レイヤー化して、その関係性を捉える見方をアーキテクチャ思考と呼んでいる。本書の題材は行政のデジタル化であり、その事例を中心に説明しているが、このフレームワークは他の分野にも応用できる考え方である。すべての産業がデジタルテクノロジーを活用して変革されるとすれば、同じようにレイヤー構造で把握することは有用だ。アーキテクチャ思考で事業やサービス全体を構造化することにより、自分たちは今どこの部分について作業していて、それはシステム全体との関係でどのように捉えることができるかを把握がしやすく

*26

*27

なる。また、同じアーキテクチャの絵を関係者間の共通認識とすることでコミュニケーションコストを減少させることができるとともに、どの部分にまだ手が付けられていないのかといったことも把握しやすくなる。

　次のチャプターでは、アーキテクチャ思考がグローバルIT企業やデジタルガバメントを先進的に進めている国の政府でどのように適用されているかを見ていく。

Chapter **5**

アーキテクチャ思考で
ビジネス・デジタルガバメントの事例を見る

Googleのビジネスをアーキテクチャ思考で分析する

　GoogleやAmazonといったデジタルプラットフォーマーと呼ばれる企業は、ITシステムのレイヤー構造やAPIエコノミー、オープンソースの重要性を当然、非常によく理解しながらビジネスを進めている。彼らの行っているビジネスを分析するとよくわかる。今回はGoogleを例に挙げて説明してみたい。

◆**ネットワーク**：日本ではあまり知られていないかもしれないが、実はGoogleは海底ケーブルに投資を行っている。データの通信ネットワークはITシステムにおける血管のような存在だ。Googleはクロスボーダーの海底ケーブルに投資を行うことで、自社のサービスが世界中でクラウドを通じて利用できる環境を提供している[*28]。加えて、Googleはネットワークインフラの投資回収の手段として米国では通信事業者としてビジネスを行っている。Google Fiという名称でモバイル通信プロバイダー（MVNO）として海外どこにいても同じ価格で通信環境を提供し、ユーザーが国をまたいでも快適にスマホを利用できるサービスを行っている[*29]。

◆**サーバ**：Googleはサーバのレイヤーでも世界に多数のデータセンターを持っている。これらがGoogleのクラウドのサービスを支えるインフラとなっている。データセンター間は、当然、同じ技術標準で構築されており、相互に連携する形になっている。大規模なデータセンターの存在がなければ、世界中のデータを保存することもアプリケーションを動かすこともできない[*30]。これらのインフラは、元々はGoogleが検索サービスを提供し、その広告収入を得るうえで自社が使うインフラとして構築してきたものである。Googleはこのデータセンターのリソースを、今

やIaaSのクラウドサービスとして企業に販売している（Google Cloud Platform、GCP）。これは、Amazonが当初、自社のeコマース向けに構築したクラウドリソースをAWSというサービスとして売り出したのと同じだ。大規模に調達されたデータセンターのサーバは個別にサーバを建てるオンプレミスよりもコストが低減可能であり、容量などの制約がない。必要な容量が増えたら、追加でそのまま容量を拡張できるといったメリットをユーザーであるITサービス開発者は享受できる[31]。

◆OS：OSのレイヤーにおいては、PC向けのOS「Chrome OS（クローム・オーエス）」[32] およびモバイル向けのOS「アンドロイド」[33]、ウェアラブル端末向けの「Wear OS」を提供している[34]。それぞれのデバイスに対するOSを準備することによってソフトウェア開発者のエコシステムをつくり出そうとしている。特にGoogleは、OSをオープンソースで提供しており、PCにおいてはWindowsと異なりライセンス費用を開発者からとらないことにより、Chrome OS搭載のPCを低価格で提供することを可能としている。また、モバイルOSのアンドロイドでも同じ戦略を採用している。OSレイヤーではライセンス費用をとらないが、彼らはそのOS上で提供されたアプリの売り上げから手数料を

*28   *29   *30   *31

*32   *33   *34

とっている。つまりOSレイヤーを無料化することでソフトウェアの開発者を増やし、開発者が販売するソフトウェアの一部から売り上げを上げているのだ。これもITシステムのレイヤー構造を理解していなければとれない戦略だろう。

◆**開発環境：**開発環境も各端末のOSに対して準備しており、これを無償で提供するほか、Platform as a Service（PaaS）として企業向けにもソフトウェア開発環境をクラウドサービスとして提供している[35]。ここでもGoogleは他社のAPIと連携しやすい環境を提供することで、システム開発のエコシステムに入り込もうとしている。また、GoogleはノーコーディングツールであるAppSheet（アップシート）[36]によって、コードが書けなくてもデジタルサービスのプロセスを構築できるツールなども提供しはじめている。こうしたサービスを提供することで、Googleの開発プラットフォームを活用して、ソフトウェアを提供しようとしている事業者からのサービス利用料を得ようとしている。これらに加えて、Googleの強みとして人工知能（AI）を利用したサービス開発のためのツールを多数提供している。画像、テキスト、音声解析等、自社のソフトウェアサービスで利用してきた技術をAPIで提供し、他の企業が新しいサービスを開発する際に利用できる環境を用意している[37]。機械学習についてもAutoMLというツールを提供し、企業が独自の機械学習モデルをつくりやすい環境なども提供している[38]。このように開発環境およびソフトウェア開発に活用可能な機能のAPIを提供することで、最新の技術を活用したアプリケーションの構築を他の企業も行える

*35

*36

*37

*38

ようにし、その利用料収入を得ている。

◆**ソフトウェア**：ソフトウェアレイヤーにおいては、われわれが一般的に利用している検索エンジンGoogleをはじめ、Gmail、Google Photos、Google Driveなどさまざまなツールがある。これらもインターネット環境を通じて提供されており、YouTubeやYouTube MusicのようなエンターテインメントサービスもSaaSの一種である。SaaSには複数のビジネスモデルがあり、たとえば、YouTube、Gmailなどは広告収入があるから無償で提供されている。また、広告表示がなくても無償で提供されていたGoogle Photosなどは間接的に広告ビジネスにつながっている（現在は15GB以上は有料）。多数の写真をユーザーがアップロードしてくれることで、それらをAIに学習させれば、彼らの開発する画像解析の機能をより正確にしていくことができ、画像検索等の精度をより高めることが可能となり、結果として広告収入の最大化に貢献する。また、月額単位で課金するようなモデルもあり、YouTubeも月1,000円程度支払うことで、広告なしでの視聴が可能となる。このほか、Google Workspaceというグループウェアは企業向けサービスとして月単位で課金される*39。

◆**デバイス**：Googleはソフトウェアレイヤーにとどまらず、ユーザーがソフトウェアを利用するデバイスレイヤーまでビジネスを進めている。ソフトウェアやOSを提供しているGoogleであれば、それらが最適に動くデバイス自体も開発できるし、さらなる売り上げの増加につなげる

*39

ことができる。Pixelなどのスマートフォンや、Nest Hubなどのスマートスピーカーはその典型的な例だ。しかもデバイスレイヤーのビジネスを押さえることによってよりユーザーのデータを正確に得ることができ、彼らのソフトウェアビジネスを高度化することが可能となるのだ。

Googleは、このような各レイヤーにおけるサービスの提供を通じてITシステム全体のレイヤーのどこで売り上げ、利益を上げるかを判断していると考えられる。オープンソースでOSを提供する一方で、その活用に適したデジタルインフラをIaaSやPaaSの形で販売したり、Google検索やGoogle Drive、YouTubeといったSaaSを無料で提供する一方で、それに最適化されたデバイスを販売したりすることでマネタイズするといった具合だ。前述のように、Amazonだけでなく、Microsoft、Appleなど他のプラットフォーマーも同様な発想でビジネスを行っている。レイヤー構造を整理してITシステムを理解することの重要性はこのような事例からも明らかだ。IT業界に長く関わっている人はわかるかもしれないが、これが他分野の人の思考のフレームワークと合っていない、もしくは理解されていないことが、日本の行政だけでなく、企業においてもデジタルトランスフォーメーションが進みにくい理由の1つとなっているかもしれない。

海外のデジタルガバメントに見るアーキテクチャ

Googleの例ではプラットフォーマーのITシステムに関するアーキテクチャとビジネスの関連性について見てきた。こうした考え方は、テック企業のみでしか進んでいないと思われるかもしれないが、実はすでに海外の行政システムではこうした考え方が導入されはじめている。

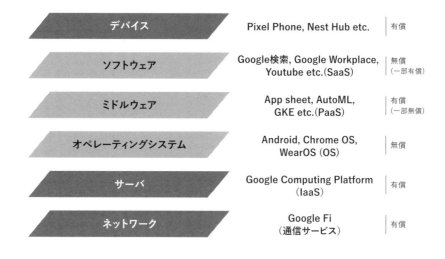

デバイス	Pixel Phone, Nest Hub etc.	有償
ソフトウェア	Google検索, Google Workplace, Youtube etc.(SaaS)	無償 (一部有償)
ミドルウェア	App sheet, AutoML, GKE etc.(PaaS)	有償 (一部無償)
オペレーティングシステム	Android, Chrome OS, WearOS (OS)	無償
サーバ	Google Computing Platform (IaaS)	有償
ネットワーク	Google Fi (通信サービス)	有償

Googleのサービスアーキテクチャ

　デジタルガバメントのソフトウェアアーキテクチャを考えるうえでは、①認証基盤等の共通サービス、②標準化されたサービス開発環境、③データ交換基盤、④ベース・レジストリの4つを整備していくことが肝要である。ここではそれぞれについて優れた取り組みをしている海外事例を取り上げたい。

デジタル社会の基本サービスを提供する
インドのインディアスタック

　インドは、10億人を超える市民に対していかに効率的に行政サービスを提供するかという観点からデジタルテクノロジーの導入を進めた。その際、どんなデジタルサービスにも必要となる基本的なサービス群としてインディアスタックを整備し、国民番号であるAadhaar（アドハー）

と紐づけて提供した[40]。開発において重要な役割を果たしたのは、イ
ンド大手のIT企業インフォシスの創業者が創設したiSPIRT（アイスピ
リット）[41] という非営利団体だ。

　インディアスタックは、①個人をデジタル上で特定するIDレイヤー、
②電子的な決済手段を提供するペイメントレイヤー、③自己のデータ
管理を可能にするデータレイヤーの3つに分けられる。①はデジタル
ID、eKYC（electronic Know Your Customer、オンライン上の本人確
認）、電子署名を、②は共通決済インターフェース、決済データ交換基
盤（UPI）をベースとした決済サービスを、③は自己データへのアクセ
ス管理機能、データ保存、銀行口座データの統合管理機能などを司る。

　インドのデジタルID普及割合は銀行口座保有者の割合と比例して増
加しており、口座を保有できることが1つのデジタルID普及のドライ
バーになったと考えられる。2008年時点では人口の4％程度しかIDを
持っていなかったのが、2018年には10億人以上がIDを保有するよう
になった。銀行口座を持つことにより特に低所得者層が直接給付を受け
られるようになり、拡大が進んだ。デジタルIDを活用した取引を繰り
返すことでデータが蓄積され、データを活用することで信用が形成され
るといったポジティブサイクルが生じている。
　また、共通決済基盤（UPI）の提供によりモバイルペイメントが急速
に普及し、現在では4割がUPIベースで行われるようになった。Google
Pay、WhatsApp Pay（ワッツアップペイ）、Paytm（ペイティーエム）

*40

*41

などのモバイルサービスは、UPIのAPIをベースにして提供されている。

　iSPIRTによれば、企業がユーザーデータから利益を得ていることが問題なのではなく、ユーザーが自分のデータから恩恵を得られないことが問題であるとしている。このため、銀行口座とデジタルIDの紐づけや、データ接続を個人に管理できる環境を提供することで、ユーザーが自分のデータを適切に活かして企業からメリットを得やすくしている。

　このようなデジタルインフラが整備されたことにより、インドでは、すべての市民が官民問わずデジタルサービスにアクセスできるインターフェースが提供され、生活の利便性向上につながっている。特に行政サービスでは、市民への直接給付のみならず健康保険、教育、融資の提供、税制の見直しなどがオンラインで実現した。iSPIRTによるセミナーでは、これらのインフラにより、コロナ禍においても、個人向け給付を手続きから2時間程度で提供できたと語られていた。

　こうしたユニバーサルなオンライン手続きの基本サービスは、インドに限らず、エストニア、シンガポール、韓国などのデジタルガバメント先進国では整備されている。市民がデジタルサービスを受けるうえでの基本的な権利を保障するものだからだ。

　日本でもマイナンバーカードや、法人向けの認証サービスであるGビズIDなどは、オンライン手続きにおける本人確認認証の機能を担うことを目指している。つまり、個人や法人が自己の手続きをオンラインで確かに行ったことを確保するためのものだ。公金口座の紐づけや決済基盤の整備などが進めば、今後、インドのUPIのような仕組みも実現できるかもしれない。

　加えて、整備が必要なのは、市民が行政に対して提供したデータを、どの機関に、どこまで共有するかを確認する機能や、行政側からの通知

を一元的に受ける機能の提供だろう。個人情報の保護とワンスオンリーを同時に実現するには、自己データの共有先を管理できる機能が欠かせない。また、行政からの書面による通知の非効率を解消するためには、電子私書箱のような機能が必要である。こうした機能の実装が進み、すべての行政機関、自治体で活用されることが望まれる。

　インドの事例からもわかるとおり、これらの機能は民間企業のサービスともAPI連携できるようになれば、さらに利便性が上がるだろう。シンガポール政府は、銀行や通信会社に対して個人認証のAPIを開放し、本人確認済のIDでの銀行口座の開設や携帯電話の通信契約などを可能としている(Singpass {api})*42。

　国が提供する認証APIを民間企業が活用できるメリットは、ユーザーの身元確認のコストを行政側で肩代わりしてくれることだ。たとえば、メルカリなどの民間サービスを活用するときに免許証などの身分証明証を登録するのは、その人がなりすましではない実在する本人かを確認するためだ。こうした身元確認を各サービス提供企業が行うとコストがかかる。さまざまな会社でオンラインの身元確認を実施することは社会全体で見れば重複コストが生じている。だからこそ、これを国がまとめて行うことによって、社会全体のコストを低減することができるのだ。実際にメルカリは、現在マイナンバーカードの公的個人認証による本人確認の機能を2021年3月から実装している。公的個人認証の仕組みを活用する際に、企業が国に手数料を支払う必要はあるかもしれないが、これも利用者数が増加し、トランザクション数が増えればコストが低減していくだろう。

*42

*43

				（各レイヤーのAPI）
	同意レイヤー	最新のプライバシーデータ共有フレームワークの提供	Open Personal Data Store（開発中）
	キャッシュレス・レイヤー	革新的な電子決済システム・キャッシュレス経済への移行	IMPS, AEPS, APB, and UPI
India Stack	ペーパーレス・レイヤー	各種ペーパーレスシステムの急成長する基盤	Aadhaar eKYC, E-sign, Digital Locker
	非対面レイヤー	10億のユーザーがオープンアクセスする独自のデジタル生体ID	Aadhaar認証
	銀行口座	国民ID（Aadhaar）	携帯端末

インディアスタックの基本サービス群

（出典）フォースバレー・コンシェルジュ株式会社「令和2年度規制改革推進のための国際連携事業（インドデジタル公共財の第三国展開に係る我が国企業参入支援に関する調査）報告書」を基に作成

国・自治体で標準化されたサービス提供を実現する韓国のeGovernment Framework

　国と自治体のシステム開発の一元化という観点から言えば、韓国では行政安全部という部署が国・自治体のシステム全体を管理しており、ソフトウェア開発については国で行い、これを各自治体が活用する形をとっている。セオル行政システムがこの一元的な行政サービスシステムとなっているが、eGovernment Framework*43 というアーキテクチャを導入しており、新規にシステムを開発する際にはこれに登録することを必須とすることで、重複開発を排除し、既存の機能を再利用することが義務づけられている。このような仕組みのなかで、住民基本情報、税申告、国民保険などの市民向けサービスだけでなく、財政管理、人事、グループウェア等のバックオフィスのシステムなど31事業が共通のシ

ステムとして政府・自治体に提供されている。これらは地域情報開発院という自治体の共同出資機関が管理し、知財を保有し無償でソースが提供されるため、ベンダーによるロックインが生じない形になっている。

　この結果、当初はサムスン系などの大手ベンダーが中心に開発していた行政システムは、現在では中小のベンダーが中心になって開発・運用しているという。2016年以降クラウド法に基づき、システムをクラウド環境に移行しているほか、自治体で独自開発しても高く評価されたシステムについては全国の自治体が共同利用可能とする仕組みをとっている。費用負担についても、サーバ費用のみ各自治体が負担し、ソフトウェアについては国が一括して負担している。ソースコードを政府が所有し、これをオープンにすることでベンダーの参入障壁を下げるとともに、国と自治体の行政システムの役割を、国は共通のソフトウェア開発・提供を担い、自治体はその活用とサーバの調達と分けたことで、全国で効率的に電子行政サービスが提供できる環境が整備されている。

　韓国の事例は、日本でも国・自治体のシステム整備のモデルとして参考になるはずだ。余談だが、この仕組みの構築の検討に当たっては、現在のJ-LIS（地方公共団体情報システム機構）への取材から着想を得たようである。最初のシステムアーキテクチャのデザインで効率性が大きく変わることを韓国と日本の自治体システムの比較は示している。

　韓国では政府24というポータルサイトでさまざまな行政手続にアクセスできるようになっている。これはイギリスのGOV.UKに近い発想で、ユーザーの行政とのタッチポイントを統合することで利便性を高めている。また、行政組織間のバックオフィスでの情報連携が進み、IDカードの認証で市民がデータを入力しなくても行える手続きが増えているほか、シンガポールのLifeSG同様、ライフイベントにあわせて手続きメニューが整備されている。このような取り組みの結果、韓国の市

民の行政サービスに対する満足度も2016年以降9割を超えている。こうしたサービスデザインも含めた努力が、韓国を電子政府ランキングでも2020年では2位という位置に押し上げている[44]。また、韓国は、eGovernment Frameworkを途上国を中心とした他国政府への輸出を進めようとしており、利用国を拡大しようとしている。

官民の効率的なデータ交換により
手続きを簡素化するエストニアのX-Road

エストニアは、デジタルガバメントの取り組みの先進国としてすでに取り上げられることが多く、すべての行政手続がオンラインで完結することを説明するものは多いが、なぜそうしたサービスが実現可能なのか、そのキーとなる技術は何なのかについて述べているものは少ない。エストニアの電子行政を効率的に実現している鍵はX-Road[45]と呼ばれるデータ連携の基盤にある。

行政機関等がセキュアにデータを他の行政機関と共有する際には、これまでは専用線を引いてそれを通じてやりとりすることが多かった。加えて、データ連携の手法についても標準化されていないことが多い。これではシステム間を素早く連携させ、データを効率的に活用することができない。エストニアではX-Roadというミドルウェアを導入することによって各行政機関のデータベース間でデータ交換が可能となっただけでなく、民間企業で行政データを活用したい場合や、逆に行政手続で民間データを活用したい場合においてこれを利用できるような形を整備し

*44

*45

た。X-Roadに接続したい組織は、中央の認証局が許可を出さなければ接続はできない。また、X-Road接続のための仕様が標準化されているため、各システムの接続のための改修が容易になっている。

　行政が持つ基本情報や銀行の持つ個人のデータを連携させることで、納税は最短3分で完了すると言われている。これはX-Roadを通じて行政が民間の保有する個人データを取得できるからこそ実現できるサービスだ。加えて、法人設立手続きも、5日間程度かかっていたところを数時間に短縮できている。個人データは各行政機関から自由にアクセスできるわけではなく、個人が共有することを許可した場合のみアクセスできる形になっており、プライバシーへの配慮もなされている。市民は自分のデータに誰がアクセスしたかも個人のページで確認できるが、これが可能なのは、X-Roadを通じて、どの組織がどこのシステムにアクセスしたかログが残る仕組みを備えているからだ。

　X-Roadもまた、オープンソースのソフトウェアであるため、この導入が他国にも広がっている。キルギスタンやアイスランドをはじめ、X-Roadのコンセプトを踏まえたデータ連携の基盤開発はカナダやウクライナなどでも進んでいる。

「ワンスオンリー」を実現する
デンマークのベース・レジストリ

　デンマークではCross institutional basic-data committee（行政機関横断基本情報委員会）が設置されており、この委員会が社会の基本データであるベース・レジストリの管理責任を負っている。同委員会はデータとドキュメントの政府内共有を促進するために、参照情報すべてを公開するほか、データモデリングに関するガイドラインとルールを文書化することで、各行政機関がどのようなデータ形式でデータを管理すべき

かを示している。

　こうしたルールがきちんと整備されていることで、各機関が勝手な
データ形式でデータを管理することを防いでいる。具体的なベース・レ
ジストリとしては、住民データ、企業データ、不動産データ、地図・地
理データ、住所・道路データなどがあり、現在は水や気候といった環境
に関するデータの整備も進めているところだ。こうした基本データの整
備はエストニア、フィンランド、韓国などでも進んでいる。効率的な行
政システムを構築するうえでは、社会基盤になるデータベースを用意し、
さまざまな手続きにおいてAPIを通じて参照する形に整理することが
一般的である。そうすることで、データの重複保有を排除するとともに、
常に最新のデータを活用してさまざまな行政手続ができる環境が可能と
なるからだ。このデータ活用においては前述のようなデータ交換基盤の
存在が必要となる。

　デンマークではベース・レジストリ間の参照関係についても整理して
いる。たとえば、個人や企業のデータにはそれらの住所や所在地に関す
るデータを紐づけて活用されることが多いため、住所データや地理デー
タを参照する構成になっている。企業で働く従業員と企業の情報を紐づ
けたり、不動産所有者と企業を紐づけたりすることで、税や社会保障の
手続きなどを効率的にしている。このようにデータの参照関係が整理さ
れていれば、他の行政手続においても活用しやすくなる。

　加えて、こうしたベース・レジストリが個人情報の保護に配慮しなが
ら民間サービスでも活用可能になれば、社会全体でのデータ利活用の効
率化にもつながる。プラットフォーマーによるデータの囲い込みが競争
優位を生み出すといった状況も、こうしたベース・レジストリのオープ
ン化によって緩和され、ユーザーにとって使いやすいサービスの機能を
競争領域とすることにもつながるだろう。

トータルの行政システムデザインを行う
シンガポールのCODEX

　シンガポール政府では、物理的なサーバ層からソフトウェアのバーチャル層までの仕組みを共通化・標準化させることでデジタル行政サービスの開発スピードを格段に早くしている。これをCODEX（Core Operations Development Environment and eXchange）[46]と呼ぶ。シンガポールではGovTechという行政デジタル化の専門組織がこれらのツールを中央集権的に用意し、自らもサービスを開発するとともに、各行政機関に開発環境を提供している。

　まず、サーバ層では、ソフトウェアをホスティングするプラットフォームをクラウドで提供している。そのうえでミドルウェアとして行政組織向けのPaaSとして「NECTAR」（Next-Generation Container Architecture）という独自の開発環境を提供しているほか、省庁間で互いのデータを参照できるよう、政府内で開発されたAPIの提供窓口として「APEX」（API Exchange）を提供している。加えて、開発したアプリケーションがどのように利用されているのかのパフォーマンスをデータを分析できるダッシュボードツールである「WOGAA」(Whole-of-Government Application Analytics）や、各行政機関がウェブサイトをデザインする際のテンプレートとして「Isomer」というサービスも提供している。また、行政機関のサイトのデザインに関する統一性を出すためにデザインシステムと呼ばれるユーザーインターフェース（UI）のデザインルールを整備している（Singapore Government Design

*46

System)。こうした行政機関がサービスを開発する標準ツール群を用意することでサービス開発の迅速化を図っている。

　マイクロサービスレイヤーではこのような環境で開発されたコンポーネントが再利用可能な形で管理されており、すでにあるコンポーネントを使いながらサービスを迅速に開発できるようになっている。OSSの説明で述べたようなコンテナ技術を活用したマイクロサービス化を進めようとしている。
　こうした開発環境を活用して、ソフトウェア層においても機能として共通化すべきものは共通サービスとして提供されている。たとえば、「SingPass」「CorpPass」といったデジタルIDの認証サービス、個人・企業が自己の情報を確認するための「Myinfo」、行政機関に対する決済基盤である「PayNow」などが共通サービスとして運用されており、これらはAPIで各行政手続のサービスに連携し組み込まれている。
　シンガポール政府はSTACK-Xというコミュニティをつくり、開発者との積極的な意見交換を行っているほか、OSSプロジェクトも複数抱えている。このようにクラウドコンピューティング、APIエコノミー、OSSを最大限に活用している最新のソフトウェア開発のコンセプトを導入していると言える。

　このように、デジタルガバメントに求められるソフトウェアレイヤーの仕組みについてはすでに多くのベストプラクティスがある。一方で、アーキテクチャ思考のチャプターで紹介したとおり、物理的なインフラからソフトウェアに至るまでの第1層と法令等のルールである第3層により、ソフトウェア層である第2層は制約を受ける。このため、これら3つの層が連携して変化する仕組みができていなければ、デジタルガバメントとしてスムーズに機能しない。特に法令等のルール層である第3

層がソフトウェアレイヤーの改変と連携することが非常に重要となるが、この点についてもデンマークでは先進的な取り組みが進んでいる。

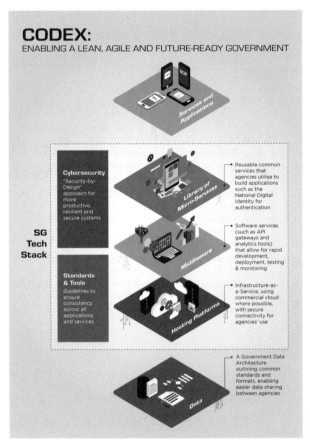

（出典）「Smart Nation SINGAPORE」
（https://www.smartnation.gov.sg/what-is-smart-nation/
initiatives/Strategic-National-Projects/codex)

CODEXのレイヤー構造

デジタル化を前提とした法制度を規律する
デンマークのデジタル法制局

　デンマークでは、新しい法制度を策定する際、データがきちんとデジタルで管理できることを前提としているか、デジタル化庁がチェックしてクリアランスを受けなければ法律を制定できないようになっている。2018年にデジタル対応の法律（Digital-ready legislation）が制定され、すべての法律が7つの原則に従うこととされた。その際、ベース・レジストリの活用が可能な場合には、そのデータを参照するような形で定義していくことで、アナログな手続きを防ぐとともにデータの重複保有を防止している。加えて、デンマークのベース・レジストリは、個人データ以外に関しては無償で民間企業等に対しても提供されている。法人情報、不動産情報、住所情報等は、基本データ・カタログ「DATAFORDELER」から無償でアクセスでき、これらを社会的に活用していこうとしている。

　たとえば日本では、法人登記や不動産登記等のデータを取得する際には紙で登記事項証明書等を発行せねばもらえず、それに手数料を払わなければいけない。本来、パブリックになっていればさまざまな活用が可能なベース・レジストリのデータを、手数料を払わねば使えない状況は、データの有効利用を阻害するだけでなく、市場の情報の非対称性を残存させる原因になっているとも言える。

　デンマークでは法人の財務情報等もすべて公開されているのに対して、日本では、株式会社は会社法上、決算公告の義務があるにもかかわらず、その公開にかかるコストや、行わなくても特に罰せられた事例がないことから実施が進んでいない。しかし、決算公告が共通のデータ形式で公開されれば、後継者が少ない中小企業の再編のなかでも事業承継

原則	説明
1 簡潔で明確なルール	法律は、理解しやすいように簡潔かつ明確でなければならず、その結果、より統一されたデジタル行政運営に貢献する
2 デジタルによるコミュニケーション	法律は、市民や企業とのデジタルによるコミュニケーションをサポートし、出来ない者には代替手段を用意しなければならない
3 デジタルによる案件処理の自動化が可能	法律は、市民や企業の法的権利を考慮しながら、完全または部分的なデジタル管理をサポートしなければならない
4 公共機関間の一貫性：概念の統一とデータの再利用	公共機関間で可能な限りデータの再利用を可能とするために、概念は明確で曖昧さや矛盾がなく定義されなければならない
5 安全で安心なデータ管理	高度なデジタル化に向け、データの安全な取り扱いや個人情報保護など、データセキュリティに高い優先順位を置く必要がある
6 公共のITインフラの使用	NemIDやDigital Postなどの公共のITソリューションを使用できるかどうかを考慮しなければならない
7 法律は詐欺やエラーを防止すべき	法律は、管理目的で効果的なITソリューションの使用をサポートするように設計されなければならない

（出典）日本総合研究所「新型コロナ禍が促すデジタル・ガバメントへの取り組み
　　　　—わが国に求められる行政改革の意識とガブテックとの共創—」を基に作成

デンマークのデジタル対応の法律の7原則

やM&Aなどの選択肢が広がり、マッチングサービス等の新規事業が生まれる可能性もある。

　不動産情報についても、現状の不動産売買や賃貸のマーケットの不透明性が解消されれば、より不動産取引の活性化や賃貸市場の見直しにもつながる可能性がある。このように、ベース・レジストリのデータ公開は社会全体に裨益することから、公共財としてオープンにすることで、そのアクセスのハードルをさらに下げることが重要だろう。こうした点についても、ベース・レジストリの整備とあわせてルール化していくことが社会全体でのデータ利活用を推進するうえで大切になる。

プラットフォーマーとなる企業は、自分たちがITシステムのなかの
どこのレイヤーでビジネスを行おうとしているのか、オープンソースや
APIエコノミーのフレームワークも活用しながらビジネスを展開してい
る。また、デジタルガバメント先進国の政府も、行政サービスの利便性
向上と効率的なサービス開発のために、どの部分を共通化していくかを
戦略的に考えながら、システム全体のアーキテクチャを整備している。

　このような考え方が日本においても重要であることは紹介した事例か
らもわかるだろう。特に海外のデジタルガバメントのベストプラクティ
スがこれだけあるのだから、それらのコンセプトを日本に合う形で導入
できれば、日本の行政システムの整備を加速させていくことができる。
その結果、ユーザーフレンドリーな信頼性の高いデジタル公共財を構築
していくことが目指すべき姿であろう。

　デジタル庁においても、このような海外の取り組みをただの事例とし
てに捉えるのではなく、アーキテクチャ思考を下敷きにして捉えること
で構造化して理解することにつながり、具体的にどのレイヤーを改善す
る際にどの国の事例を参考にすべきかが明らかになると考える。

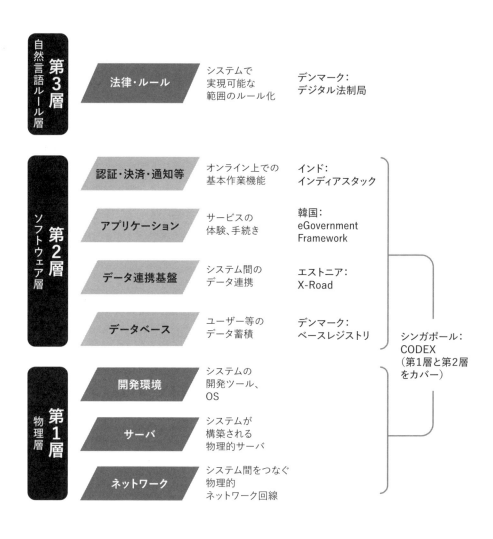

		海外事例
第3層 自然言語ルール層	法律・ルール	システムで実現可能な範囲のルール化 → デンマーク: デジタル法制局
第2層 ソフトウェア層	認証・決済・通知等	オンライン上での基本作業機能 → インド: インディアスタック
	アプリケーション	サービスの体験、手続き → 韓国: eGovernment Framework
	データ連携基盤	システム間のデータ連携 → エストニア: X-Road
	データベース	ユーザー等のデータ蓄積 → デンマーク: ベースレジストリ
第1層 物理層	開発環境	システムの開発ツール、OS
	サーバ	システムが構築される物理的サーバ
	ネットワーク	システム間をつなぐ物理的ネットワーク回線

シンガポール: CODEX（第1層と第2層をカバー）

行政デジタルサービスのアーキテクチャと代表的な海外事例の対応関係

行政システムのオープンソース化とその先の未来

　インドでは、インディアスタックのコアテクノロジーを海外展開するMOSIP（Modular Open Source Identity Platform）というオープンソースのプロジェクトが進んでいる。MOSIPのソースコードを活用することで、他国でも素早くデジタルIDインフラを整備し、そのうえにさまざまな行政サービスを構築可能にすることを目的としており、非営利団体がこれを推進している。特に途上国などで一からデジタルIDシステムを構築するケースを念頭に、MOSIPがその課題解決のソリューションとなることを目指している。

　MOSIPは、インディアスタックのIDレイヤーの技術を海外向けに標準化し、スケーラビリティ、セキュリティ、確実性、拡張性などを確保している。技術としても国際的にオープンな基準に則ったものになっており、データのやりとりやシステムの統合がしやすく、相互運用性やタブレット向けのアプリなど周辺の技術拡張が検討されている。

　たとえば、MOSIPをデジタルIDシステムに導入する国が増えれば、技術的な基盤が共通化するため、相互運用性が確保され、国家間でお互いの行政サービスへのアクセスがしやすくなる。つまりは、グローバルな人の移動のハードルを下げることにつながる。MOSIPは、eIDAS（イーアイダス）というヨーロッパのIDサービスの標準とも相互運用性を確保するため、今後アダプターなども開発していくと発表があった。将来的に世界中のデジタルID体系が相互運用可能になれば、市民が行政サービスで国を選ぶことがより容易になる時代になっていく。出入国もパスポートのような紙の文書で自分の国籍を示すのではなく、スマートフォンやウェアラブルに国から発行された自分の電子署名を保管し、これを認証することで海外渡航が可能となるはずだ。さらに入国した瞬間にビザ発行等の手続きが完了し、入国後の生活の立ち上げを容易にするような役所を訪問せずとも完結できるサービスを提供する国が出てくるかもしれない。

　MOSIPとは別に、エストニアも、X-Roadの仕組みをオープンソースにすることで自国の行政システムとつながる国家のエコシステム拡大を進めている。エストニアは、X-Roadを中心とする行政のデジタル基盤をフィンランドと相互運用可能にしたことによって、エストニア人がフィンランドの医療サービスにアクセスしやすくなったという。

　行政のデジタル基盤がまだ確立していないアジア諸国や、アフリカ諸国などにこうしたオープンソースベースの行政デジタルインフラが組み込まれれば、あたかも同じテクノロジーをベースとした国家間がバーチャルで1つの国のように動くような未来もあるかもしれない。つまり、ソフトウェア層の共通化は、法やルールなどの1つ上のレイ

ヤーの共通化を促し、その結果として行政サービスにまつわるルールの共通化が図られ
ていく可能性がある。さらに、極端な例で言うと、政治参画ルールまでシステムにあわ
せて規定されれば、システムの共通化はバーチャルな国家の共通化がもたらしうる。

　そこまでラディカルな変化は起こらないとしても、各国の行政システムの相互運用性
が拡張していけば、その標準を採用した国家間の人の移動や、経済活動の連携が、その
標準を採用しない国家よりも進んでいくことが考えられる。コロナ禍においては、たと
えば海外渡航の際に提示するワクチンの接種証明に関するソフトウェアの標準化が世界
経済フォーラムや航空業界によって目指されているほか、ISO（国際標準化機構）では
国際免許の標準化に関する議論も進んでいる。こうした観点からは日本においても国際
標準に適合した行政のデジタル化は今後重要なイシューになってくるだろう。

Chapter **6**

行政デジタルサービスを
開発するための3つの手法

デジタルサービスを生み出すうえでの3つの手法

　以下ではサービスデザイン手法、プロセスデザイン手法、ITサービス開発手法の3つの手法について説明する。

　これらの前提には、サービスデザイン思考とアーキテクチャ思考の両方がある。

　サービスデザイン思考が目指しているのは、「ユーザーにとって利用しやすいサービスの実現」であるのに対して、アーキテクチャ思考は「サービスを効率的に提供する環境の実現」である。

　前者は個別のユーザーに対する課題をいかに寄り添って解決するかという視点が強いが、後者は行政組織全体が提供するサービスを効率的に提供するという全体最適の意図が強い。こうした重点の違いがあるものの、最終的に目指すのは、すべてのステークホルダーが満足できる行政サービスを提供することだ。前者はよりユーザー中心であるのに対し、後者は開発者中心な発想であると言えるかもしれないが、目指す目標は同じである。

　これから述べる3つの手法は、この2つの思考を統合的に実現するためのツール群である。

　サービスデザイン手法では、ユーザー中心のサービス設計のための具体的な方法を紹介している。また、プロセスデザイン手法は、行政サービスを提供するプロセスをユーザーだけでなく、その業務に携わる職員にとっても効率的な形でデザインするという観点から整理している。

　サービスデザイン手法とプロセスデザイン手法には交差する部分がある。なぜなら、プロセスの効率化がユーザーの満足度を高めることもあり、逆に創造的なユーザー中心のサービスデザインが、テクノロジーを活用してプロセスをより簡素化することにつながることもあるからだ。

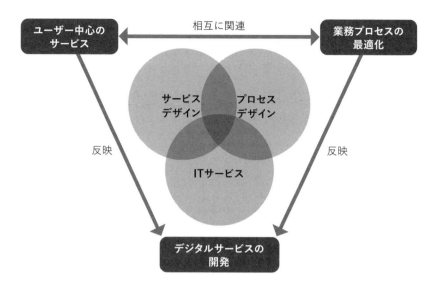

デジタルサービスを生み出す3つの手法

前者はどちらかと言えば新しいサービスを生み出すことに適しているの
に対して、後者は既存のプロセスの改善に効果を発揮すると言える。

　また、3つ目の手法のITサービス開発手法には、この2つの取り組み
を踏まえたうえで、実際のITサービス開発のプロジェクトをいかに進め
ていくのかにフォーカスしている。行政サービスのソリューションがデ
ジタルサービスとなる場合には、ITサービス開発手法を念頭に取り組む
必要があり、ユーザーの声を聴きながら段階的に「サービス」を開発し、
クイックにリリースしていくことが求められる。一方で、デジタルサー
ビスの「デジタル」の力を最大限に引き出すには、データの標準化をは
じめとしたプロセスの最適化とそれにあわせたシステムアーキテクチャ
が重要になる。つまり、サービスデザイン手法によって、ユーザー体験
を検討し、プロセスデザイン手法によって効率的なプロセスを整理した
うえで、それらをデジタルサービスに落とし込むためにITサービス開発

手法がある。以下で紹介する手法はあくまで一部にとどまるため、より詳細を知りたい人は関連する書籍なども参照してさらに学びを深めてほしい。

サービスデザイン手法

　サービスデザイン思考を実践するには、これまで行政側の視点からしかものを考えられなかったところからの視座の移動が必要になる。ユーザー中心への考え方のシフトには行動が伴わなければならない。以下で示す手法は観察とそこから得られるインサイトの発見、そのインサイトをいかにプロトタイプにつなげ、繰り返し検証することでサービスを洗練させていくのかということを整理する。具体例として、子育て世代の親に対してどのようなサービスを提供するかという事例も交えながら、手法を確認していく。

エスノグラフィックリサーチ

　ユーザーの置かれているコンテクストや、行動様式について文化人類学の手法を応用して分析することをエスノグラフィックリサーチと呼ぶ。ユーザーとなりうる対象を観察することによって、生活上の慣習や嗜好性、地域や組織をとりまく文化等を把握する。

　たとえば、子育て世代向けの行政サービスを考えるときに、彼らがどんな状況に置かれているのか、さまざまな角度から調べてみる。日本における家族の関係性、子育て世代が置かれている所得や1日の時間の利用状況、労働環境、購入しているもの、見ているメディアや持っている端末など調べていくことで、そのユーザーが置かれている環境が明らかになり、ユーザーがどんな心境なのかなどが想像しやすくなる。

　ここで重要なのは、自分の偏見をいかに取り除いて観察するかだ。人

はこれまでの経験などによるバイアスのなかで生きている。そのバイアスが強いと、捉えるべき事象が歪んで捉えられてしまい、正しい課題設定ができなくなってしまう。課題設定が間違っていると、その課題に対して正しい解を見つけたとしても、そもそも解くべき課題が間違っているから問題解決につながらない。むしろ、状況を悪化させることすらある。自分がまったく違う惑星から来たときにその状況をどのように観察するかという視点で、なるべく自分の価値観に縛られず、ありのままを観察する姿勢で臨む必要がある。特に中央官庁では、フィードリサーチを行政官自身が行うケースが少ないが、サービスオーナーとして専門家のサポートを受けながら実際にリサーチに参画することも重要だろう。

ペルソナ設定

　エスノグラフィックリサーチを踏まえ、想定されるユーザーの人物像（ペルソナ）について具体的にどういった人が対象になるのかを整理する。単に、年齢、性別、職業等といった属性に限らず、どういった生活をしている人なのか、どういったニーズを抱えているのかも含めることが大切だ。ユーザーの人物像を具体化することで、サービスにおいて配慮しなければいけない点がより具体化される。

　たとえば、30代前半で都心の大手企業で働いている母親像を具体的な人物像として落とし込んでみる。キャリアも追求したいが夫も働いていて、日々仕事と育児の両立で忙しい。ダブルインカムなので所得自体はある程度高いが、マンションのローンもあるので仕事は辞められない。こうしたペルソナを想像することでその人が子育てに関する行政サービスに対してどのようなサービスのプライオリティがあるのか仮説が見えてくる。

　彼女にとって一番重要なのは、いかに時間をかけずにサービスを受けられるかだろう。そして、役所の窓口に行くために休暇をとらなければ

いけないのは避けたい。子育て支援など必要な情報は、自分で役所に尋ねるのではなく、プッシュ通知で教えてほしい、といったことが想像される。

　このように、具体的なペルソナを置くことによって、具体的なユーザー像が浮かび上がってくる。ユーザーの解像度が上がれば、その人がどんなサービスを求めるかも仮説を立てやすくなっていく。

フォーカスグループインタビュー

　このようなペルソナの仮説を置いた場合、実際にその立場に近い人たちに話を聞きながら、その人たちが抱えている課題やサービスに対する不満や気づきの点などを聞き出す。ペルソナの設定や課題の仮説が本当に正しいのか、インタビューを通じた些細な情報からも、人がその課題・サービスに対してどんなことを普段感じているのかが明らかになり、サービスを考えるうえでの糸口になる。

　インタビューした人が仕事を途中で中断して子どもを保育園に迎えに行くことに強い罪悪感を感じていると話した場合、時間の制約による仕事の中断が自分の仕事に対する貢献が十分ではないのではないかといった不安につながっており、彼女のペインポイント（痛み）なのだとわかる。こうした生の声がわかると、本当に困っていることが何か、痛みはどこにあるのかが、仮説でなく本音として見えてくる。

　言葉だけではなく、インタビューした人たちの感情表現や仕草をよく観察することによって、特にどんな点に悩みがあるのか、よりユーザーに即して捉えることができるだろう。インタビューについて多くのユーザーに行うことができればそれに越したことはないのだが、重要なのは深くその人の立場に憑依することだ。インタビューした人が1人であったとしても、その人の置かれている状況などを引き出すことによって、深い問題の所在のヒント、インサイトが得られる。インタビューをする

数よりも1人をよく観察することで、真に迫ったインサイトを得ることができる。

カスタマージャーニーマップ

　既存のサービスがある場合には、その利用プロセスについて実際にフローを整理し、それぞれのフェーズでどのような感情の変化やプロセスのボトルネックが生じるのかをマッピングして可視化する。これを通じてユーザーがサービスの全体プロセスを通じてどんなところにつまずいているのか、不満を溜めているのかを知ることができる。

　つまり、利用者の視点からプロセスのなかで改善するべきポイントを特定することができる。これはフォーカスグループインタビューで確認していくことも可能だ。

　たとえば子育て給付を受けるのに、まず、給付を受ける手段を市役所のサイトで探し、そこに書いてある必要書類を集めてから役所に足を運んで申請しなければいけない。そのうえで、役所の担当者が書類を確認、決裁して給付金を口座に振り込むといったプロセスだとする。

　このような分析でユーザー像がわかっていると、プロセスのポイントでユーザーに不満が生じていることが予測される。そもそも、ウェブサイトへ自分から子育て給付の情報を探しに行くことは苦痛だ。プッシュ通知で教えてほしい。必要書類も書類ごとに様式が異なり、住所、氏名など同じような情報を何回も記入せねばならず、提出先もバラバラだと不満は大きくなる。すでに役所で保有しているデータであれば、ユーザーにその都度、書類を記入し提出させるのではなく、その役所内のデータ連携で共有してほしい。また、申請しても役所内の決裁といった事情でタイムリーに振り込みがされないと、本当に利用するタイミングにお金が手に入らず、不満が増す。この場合は、機械による形式的な確認ですぐに登録した口座に振り込むといった改善が考えられる。アナロ

グな作業で生じるボトルネックは、利用者のペイン（痛み）につながるため、これを解消するための方法を検証し、サービスに落とし込む必要がある。

アイディエーション

　ここまでで、ユーザー像やそのユーザー像が現状困っていること、サービスのプロセスの課題などが、かなり解像度高く明らかになってきた。次に、これらを解決するためにどのようなサービスが望ましいか検討する。

　この際もさまざまなバックグラウンドの人が一緒に考えることが重要となる。ソフトウェアエンジニア、デザイナー、行政官、実際の想定ユーザーなどが入って議論することで、サービスの機能、ユーザーにとっての使い勝手、業務プロセスの見直しポイント、ユーザー視点での満足度などの観点から、どんな要素が必要か多角的に検証できる。サービスのバックエンドのプロセスが行政組織内で複数にまたがるなら、すべての関係者が入っているほうが望ましい。通常、付箋などでポイントを整理し、グルーピングして具体的なイメージを共有していく。最近ではオンライン上でこうしたアイデア出しのプロセスをインタラクティブに行えるツールもある（Miroなどが有名）[47]。

　たとえば、課題を解決するサービス案が「忙しいワーキングマザーの子育てのための情報提供・支援申請のモバイルアプリ」というアイデアになった場合、24時間申請ができる、自分や子どもの情報を一度登録したらそれにあわせて支援に関する通知が来る、3クリックで目的の情報にたどり着けるといった機能の整理や、書類提出不要化によるオンライン完結のためにどういったデータをどの部署から引っ張ってくる必要があるのかといった情報設計の整理、挙げられている機能はどのようなテクノロジーで実装可能かといった整理をそれぞれの専門の観点からコ

ミュニケーションすることで具体化することができる。

　こうしたアイディエーションで参加者の多様性が求められるのは、異なるパーソナリティによる視点が創造性を高めるうえで有益であるだけでなく、それぞれの専門性の観点からそのアイデアの妥当性に関する検証を行うことができるところにある。

　コンセプトをまとめるうえでHow Might Weクエスチョン＊48に落とし込んでみると、そのサービスで本当に実現したいことが明らかになる。How Might Weクエスチョンでは「もし＜対象となるユーザー＞に対して、＜サービスの概要＞をすることで、＜実現したい効果＞をもたらせるとすればどうだろうか」という簡潔な質問に答える。

　たとえば、子育て支援のケースであれば、次のようにまとめることができるだろう。

　「もし＜共働きで忙しい若いワーキングマザー＞に対して＜モバイルアプリで完結するサービスを提供＞することで＜手間をかけずに必要なときに子育て支援が得られる＞とすればどうだろうか」

　これが、How Might Weクエスチョンの1つのモデルとなる。

　また、コンセプトがある程度固まったら、再度想定ユーザーにも意見を聞いてみることも有効である。Sacrificial Concepts（犠牲となるコンセプト＝たたき台）をまとめ、そのサービスに関するユーザーのフィードバックをもらうことで、サービスのコンセプトをさらにブラッシュアップしていく。

*47

*48

プロトタイピング

　プロトタイピングはサービスの検証を行うことを主眼としており、サービスの使い勝手を検証するものから、そもそものサービスの妥当性を検討するものまで目的はさまざまである。プロトタイプはあくまで検証するためのものであり、あまりつくり込みすぎず、感情移入しないで検証に徹することが必要となる。つくり込みすぎると、そのアイデアに固執してしまい、より効果の高いサービスの可能性を閉ざしてしまうからだ。

　デジタルサービスを開発する場合には、どのようなインターフェースやサービスプロセスであればよいか紙上などでサービスの画面イメージ、ボタンの配置や、必要な機能、画面の遷移などについて検証してみる（ペーパープロトタイピング）。ウェブサービスやアプリを実際に開発するには時間がかかり、そこで修正を繰り返しているとソフトウェアの開発工数も膨大になるし、品質管理の面でも困難が生じる。紙であればデザインを変更することは描き直せばいいだけなので素早く行うことができ、コストをかけずにある程度の使い勝手等の気づきを得ることができる。実際のサービス体験については実装するものに近いイメージをつくってしまったほうが、ドキュメントに落とし込むよりもサービスに関する視覚的なイメージについてチーム内の認識のズレも最小化でき、サービスの開発をスムーズにしてくれるだろう。最近は、紙芝居のような形でアプリ上の遷移イメージを再現できるプロトタイピング用のウェブサービスもある。こうしたものを利用して作成すると、よりイメージが沸きやすくなる[49]。

（左）Marvel：
英語だが、無料かつグループで利用可能である。
（右）Prott：
日本語だが、無料版ではプロジェクトは1つしか登録できず、グループでの利用もできない。

*49

このプロトタイプについては再度ユーザーにぶつけてみてフィードバックをもらうことが最も重要な部分だ。そのなかで機能やユーザー体験の部分についての改善案なども出てくる。プロトタイプの意味はこうしたフィードバックによる検証にあるため、これを行わないプロトタイピングはチーム内での認識の共有には幾分か役には立つかもしれないが、本質的な役割を果たしていない。ここでも開発側、つまり行政側の偏見（バイアス）を排除し、ユーザーの反応を捉えることが重要だ。

Minimal Viable Product（MVP）の開発、ユーザーテスト、検証

プロトタイピングも踏まえ、実際に最低限の機能を実装したプロダクトを開発し、実際の想定ユーザーに利用してもらう。バックエンドの処理で行政官が関わる場合にはそれも含めてきちんとワークするか確認することが重要になる。いくらプロダクトの出来がよくても、それが継続的に機能する仕組みとセットになっていなければ使われない。使い勝手は、ウェブフォームによるアンケートや実際のユーザーの離脱に関するデータなどから検証する。

この際、何を達成することが重要なのかのKPIを設定することが大切だ。子育て支援アプリなら、子育て支援の申請から振り込みまでの時間、自分が調べたい情報にたどり着くまでの時間など忙しいワーキングマザーにとっていかに早く支援情報や支援そのものにたどり着けるかといった「時間」が1つのKPIとなるだろう。また、ユーザー数がどのように変化しているのかモニタリングすることも重要だ。こうしたデータを検証しながら、プロダクトの改善を進めていき、よりよいサービスにつなげていく。

ここまで一通りのメジャーなサービスデザインの手法を整理してみた。他にもサービスデザインで用いられる手法はあるだろうし、これらす

べての手法を行うことはできないかもしれない。一方で、ユーザーに対する理解を深め、共感することでユーザーがサービスに何を求めているのかを理解することを基本的な姿勢としながら、関係者の理解をそろえながら進めていくことに意義がある。

　まずはサービスを形にし、それを利用したユーザーのフィードバックを踏まえながら改善していく思考や手法は、これまでの日本の行政のサービスでは十分取り入れられてきていない。

　また、ユーザーに正しい形でサービスを届けるには、対象とするユーザー自身について深く知らなければいけない。しかし、大抵その点が置いていかれていたために、これまで、多くのデジタルサービスは批判を受けてきた。

　加えて、最初から大規模に始めると、失敗したときのインパクトも大きくなり、サービスを提供するまでに時間もかかってしまう。特に国の行政官は、市民すべてに一律・同時にサービスを提供しなければいけないと考えがちだが、対象範囲を小さく絞ってスタートし、その状況を見て改善すべき点を学習し、段階的に拡大していくほうが、最終的にはすべてのユーザーにとって使いやすいサービスを提供することができる。

プロセスデザイン手法

　多くの行政機関の人間が直面する業務として、1つのドキュメントをさまざまな部署にチェックしてもらい、修正意見をもらって、文書を調整する「合議」という業務プロセスがある。

　取りまとめ部署が、ドキュメントのファイルをメールで関係部署に一斉送信し、それを受け取った各部署が修正して送信元の部署に送り返す。その後、届いた修正意見を取りまとめ部署が届いたファイルを1つひと

つ開いて、オリジナルの文書に反映させる。もしその修正意見が適切でない場合は、受け入れられない旨をメールで理由とともに返信する。こうしたやりとりが、中央官庁のあらゆるところで日常的に行われている。

やりとりする部署が2、3程度であればそれほど手間でもないだろうが、政府全体の方針の文書ともなると数十、数百の部署が関与することもある。こうしたやりとりのなかでは、取りまとめ部署が見なければいけないドキュメント数は膨大となり、ヒューマンエラーも生じてしまう。特に各省庁の意見を取りまとめる部署では、それが仕事のかなりの割合を占める。メールでのドキュメントファイルのやりとりを中心としたプロセスデザインは、特に全体を取りまとめる部署の行政官に膨大な負担を強いている。

もし仮にクラウドサービスを活用すると、このプロセスはどう変わるだろうか？　1つのドキュメントをクラウド上のフォルダに置いておく。取りまとめ部署は、そのファイルのURLのみを関係部署に送り、各部署はそのクラウド上のファイルにダイレクトに修正意見を入れていく。締め切りのタイミングで文章作成部署はこれをチェックする。受け入れられない修正にはコメントを記載すると、その修正を行った部署の担当者にコメントがあったことがダイレクトにメールで伝わる。

クラウドサービスを活用することによって得られるメリットは何か。①まずファイルの修正を各部署がダイレクトに反映するため、取りまとめ部署が入力し直す手間が省ける。これは膨大な労働量の削減につながる。②修正する各部署は、同じドキュメントを修正するため、他の部署の人がすでに修正意見を出しているものを見ることができる。このため、重複した意見を出す必要がなくなる。③また、修正時間も記録されるため、ファイルのやりとりで起きがちな、修正意見を出した・出さなかったといった問答も回避できる。つまり、ファイルの反映漏れという

ヒューマンエラーを回避できる。

　こうした話は、民間のクラウドベースで働いている人にとっては馬鹿らしく聞こえるかもしれないが、これが中央官庁の現実なのだ。

　すでにテクノロジーがあるのに、その存在を知らない、もしくは存在を知っていたとしてもそれを導入することによってどのようなプロセスの効率化が図れるかの想像力がないために、その導入が進まない。こうした状況を解消するには、どういったデータを、誰が、どのように処理しているかを整理したうえで、デジタルテクノロジーで作業を置き換えるとどのように効率化を図れるのかを評価する能力が欠かせない。これがプロセスデザイン手法が必要となる大きな理由である。

　現在の行政手続には、同じような手続き類型を同じプロセスに統一していこうというプロセスデザインの仕組みがない。

　法律や規則等で手続きの内容は規定されるものの、法案検討段階でチェックされるのは言葉の定義だけだ。手続きをどのように実施するかは、前例を参考にすることはあっても、それに揃えなければいけないといったルールがない。行政手続にも申請、届出、認可等の類型があり、これらのプロセスを整理し、同じ類型の手続きは同じフローに寄せていかなければ、それぞれの手続き単位でカスタマイズが生じてしまい、サービスをデジタル化する際の開発コストは膨大になる。その結果、ユーザーもさまざまなプロセスに対応する負担が大きくなり、不満につながっていく。現状の紙手続きは、このプロセスの複雑さがユーザーの不満の原因であることは間違いない。

　行政手続を構成する要素を分解すると、提出するデータ、手続きに関与するアクター（関係者）、それぞれのアクターによる処理の流れである業務フローからなる。現状の行政には、これらそれぞれに課題があるため、1つひとつ見ていきたい。

データの標準化

　システムにおいてデータは、同じ内容を意味するデータＡとデータＢを同一のものとして、コンピューターが認識できるよう整理する必要がある。

　たとえば、住所表記で「１丁目１番地」と「１－１」が同じものと認識されるのは、われわれ人間の頭のなかで同じものだと処理されているからだ。これをシステムに認識させるには、この２つが同一であるという規則をプログラムにしなければいけない。

　こうした処理が増えれば増えるほど、コンピューターの負荷は増加し、同一データをさまざまなサービスで汎用的に利用することができない。このため、「データ標準」を定め、あらかじめこの標準に従った入力規則でユーザーによるデータ入力を規定しておくことが必要である。ｅコマースなどで「半角で入力してください」といった指定があるのはこのためだ。

　標準化したルールを入力段階から規定しておくことは、データ利活用を進める社会では非常に重要だ。データサイエンスの世界ではデータクレンジング（データの表記を標準化すること）が業務の８割を占めると言われる。

　書面での手続きでは、人間が自然言語で処理するため、このような問題が生じなかった一方で、非常に時間がかかる。標準化されたデータを活用することでプログラムによる処理速度を上げることがデジタルの１つの価値である。

　よって、デジタル化を進める際には、行政官の考え方も、様式主義からデータ主義にシフトしなければならない。

　法令の規則などにおいて申請手続等で紙の様式を規定するケースが多いが、これは、紙を中心とした文化から離れきれていない証拠だ。

様式主義（自然言語）　　　　　　データ主義（機械可読）

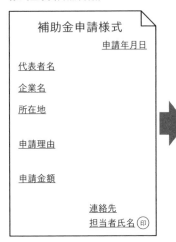

データ項目	記載形式	入力欄
申請年月日	yyyy/mm/dd	
代表者氏名	氏	
	名	
法人番号	13桁	
企業名	前株、後株等不要	
所在地	都道府県	
	市区町村	
	以下 1－2－3 等	
担当者氏名	氏	
	名	
連絡先	電話番号　123-4567-8910	
	メール　●●@●●●●	
申請金額	百万円単位 ●●（百万円）	
申請理由	全角500字以内	

様式主義からデータ主義へ

　行政手続で行政側が申請者からの提出物でチェックするべき点は、①提出されたデータが本人によって提出されたものか、②手続きの判断上、提出されたデータが必要十分であるかの2点だ。オンラインの場合では、①はログイン時の本人確認で完了する。よって、ユーザーの負担を軽減するには②が重要となる。必要なデータ項目のみを指定し、それをどんな形であれ、ユーザーの行いやすい形でデータとして入力できるようにすることがポイントとなる。これを実現するには、紙の様式のように複雑な書面ではなく、ウェブフォームのような形で入力規則が定義されたシンプルな入力インターフェースを準備しなければならない。あわせて、標準化されたデータをすでに行政側が保有する場合は、それを参照することで、ユーザーに入力させないような仕組みを構築することで入力の量を減らす。前述のとおり、これをワンスオンリーの原則という。

アクターの整理

次は、手続きに関与するアクターをどのように設定するかである。ア クターとは、その手続きに関与する人たちのことを指す。ユーザー側で あれば、個人なのか、事業者なのかで手続きが異なってくるうえ、その 手続きを有資格者が代理で行う場合もある。また、手続きを処理する行 政側も、中央官庁が処理するのか、自治体が処理するのか、また、プロ セスの中間で処理を行う主体として独立行政法人や地方の出先機関、民 間委託事業者を挟むのかなどによっても手続きフローが変わってくる。

特にデジタルで手続きサービスを構築する際には、これまでは人間が 処理していたことで中間的な処理を行うアクターを配置していたものの、 処理の自動化により、そのアクターを省略可能になるということが考え られる。たとえば、地方の出先機関に任せていた処理や事業者に委託し ていた処理が、プログラムによるデータ処理で置き換え可能になるとす れば、中間的な処理団体を経由することなく、手続きの提供主体である 中央官庁や自治体がダイレクトに処理することが可能となるケースもあ るだろう。

つまり、業務フローがきちんとデジタルを前提として効率的に設計さ れていれば、アクターの見直しも同時に行うことが必要となる。現在の 法令において「この作業は、このアクターが行う」といったことが規定 されている場合、その見直しが進んでいないケースが多い。

前述のとおり、多くの行政手続は、様式という紙を人が見て判断する プロセスを前提としていた。

それゆえ、申請件数の多い手続きは、業務を地方局や自治体など地域 単位で分散化させることによって処理効率を上げている。一方で、人間 が処理せずにプログラムが処理する場合は、地域による分散処理の負荷 を下げる、もしくは機械が一括して処理するプロセスを組むことで、そ

れまで関与していたアクターからその業務をなくすことが可能になるはずだ。

　地域のアクターによる分散化で陥りがちなのは、各地域で業務のローカルルールができてしまい、プロセスの効率性に地域間格差が生み出されることだ。また、ヒューマンエラー（人間の作業に起因する誤り）もこうしたローカルルールから生じていく。単純な処理をするものは機械に任せ、人はそれ以外のよりヒューマンタッチな部分をやっていくといった役割分担が進まなければ、効率的な行政手続は実現しない。いかにアクターの数を減らし、手続き処理に関係する部署のレイヤーを減らしていくかということを真面目に考えなければ、デジタル化によるベネフィットは享受できない。今後、さらなる労働人口減少により、行政に携わる職員も減っていくなか、この意識を持ちながらデジタル化を進めていくことは公務員の残業を減らすうえでも重要な視点だ。

手続きプロセスのデザイン

　現状行われている手続きにおいて、どのようなボトルネックが生じているかを多角的に見る必要がある。そのためには、誰が、どのデータを、どのように処理しているかを実際の運用現場に入って観察してみることだ。それぞれのアクターの作業時間を計測して、プロセスの順番に記録していくことで、どこがボトルネックになっているのかが可視化される。さらに、ボトルネックになっている作業で何に時間を要しているのかがわかれば、そのプロセスを見直すことができるようになる。

　たとえば、デジタルプロセスを前提としていない場合、典型的に起きている作業時間の無駄は、紙に書いてある情報を手で職員が入力し直している、というものだ。デジタルデータとして管理するために人が入力している。このために、打ち込みの時間が生じ、時間が無駄になっていることがよくある。このプロセスを簡素化するために、機械に紙のデー

タを判読させ、デジタルデータに変えるといったAI-OCR（AI（人工知能）技術を取り入れた光学文字認識機能）やRPA（ロボティック・プロセス・オートメーション）などのツールも広がっているが、それが本質的な業務プロセスの改善策かどうかは、よく考える必要がある。

　人による打ち込みにはヒューマンエラーによる打ち込み間違いを伴うことがありうるし、AI-OCRのソフトウェアが文字を判読できず、正しくデジタルデータに変換されないかもしれないリスクがある。入力されたデータが標準化されていなければ、前述のように、データを再利用する前にクレンジングせねばならず、非効率になる。

　こうした手間を考えれば、初めのユーザーからの入力の段階で、ウェブフォームを通じてユーザーにデジタルデータで入力してもらえば、こうした手間は生じない。また、ユーザーがウェブフォームの指定したデータ形式と異なる入力をした場合はエラー表示するといった「バリデーション」をかけておけば、ユーザーが入力するデータの標準化を図ることができる。であれば、するべきことは、ユーザーがデジタルで入力しやすくなるようなプロセスを整理することだ。このように、一部のプロセスの最適化を考えるのではなく、全体で見たときにどのようなプロセスが最適なのかを整理することが重要だろう。

　以上で説明してきた、データ、アクター、手続きプロセスの3つは同時に見ていく必要がある。この3つの要素を整理しながら、デジタルに置き換えたときにどうしたら一番効率的か、参加するアクターの負担が最小化されるのはどのような状況かなどの点をよく分析して、プロセスをデザインしなければデジタル化による恩恵を得ることができない。

　書面を中心とした今の多くの行政手続のプロセスを根本から見直さなければ、本当に効率的な行政事務は実現できないし、ユーザーにとっても引き続き負担をかけることになってしまう。

書面を中心としたプロセスが法令によって定められているから変えられないのなら、その法令自体を見直す必要がある。また、これまでの慣習や、ローカルルールのために現状が維持されているとしたら、すぐに見直しを行うべきだ。

　行政組織では、前例踏襲の慣例から、その作業を行う意味を考えずに行ってしまいがちだ。できない理由を考えるより、どうすれば効率化が実現するのかに時間を費やすほうが業務負担が減り、自分自身へのメリットも生じる。

　その業務プロセスが複数部署にまたがる場合は、全体最適を考えたうえで関係する部署間が連携し、その解決に取り組まなければならない。部署間の縦割りを壊し、皆が同じ席についてどのようなプロセスが最も効率的か考える必要がある。

　国レベルでいえば他省庁はどのようにプロセスを効率化しているか、自治体であれば他の自治体はどのような効率的なプロセスをとっているかを見ることも、大きなヒントになるはずだ。1つの省庁や自治体を超えて、同じ業務は同じプロセスに統一されていることが好ましい。

　実際にプロセスをデジタル化していく際、単独の省庁、自治体でシステム化するよりも、複数の省庁、自治体が活用できるような汎用的なシステムを構築するほうが、よりコストもかからず、省庁・自治体間でのやりとりも効率化する。しかし、そのようなシステムの前提には、各省庁、自治体で同じような業務プロセスになっていることが求められるのだ。こうした観点からも、他省庁、他自治体に学び、業務プロセスを一番効率的なものにあわせていくことが重要だろう。

ITサービス開発手法

　サービスデザインとプロセスデザインの手法について説明してきたが、この2つはデジタルサービスにかかわらず、本来、すべての行政サービスで検討するべき手法だ。

　ここからは、デジタルサービスを開発する際に理解すべき手法について説明する。

　「アジャイル」という言葉をよく耳にすると思うが、この概念はソフトウェア開発の手法から派生して、さまざまな場面で使われるようになった。実はアジャイル開発は、もともとはキヤノンやホンダなどの製造業における柔軟な製造プロセス手法にルーツがある。以降で紹介するスクラムについても、野中郁次郎教授が理論化したものだ[50]。よって、アジャイル開発の概念自体は、日本にとって実は新しいものではない。しかし、大手ITベンダーに依存してきた日本の大企業や行政のソフトウェア開発の現場にはあまり導入されてきていない。

　ここで、これまでのソフトウェア開発のあり方を振り返ったうえで、アジャイル開発を導入することのメリットや利用される手法、行政官はどのように取り組むべきかを確認したい。

これまでの「ITシステム」開発

　これまでの行政システムの開発は、オンプレミスと呼ばれる物理的なサーバを調達し、そのうえに必要なソフトウェアを開発する形をとってきた。アーキテクチャでいえば、サーバ層からソフトウェア層までが垂

*50

直に統合された形でITシステムが調達されていたということだ。

　行政のITシステム開発は、基本的には大手ITベンダーに発注され、各社の独自仕様のサーバ、開発環境でソフトウェアが開発されていた。このような仕組みの下では、そのITシステムを開発した会社でなければ、そのソフトウェアの改変も行えないといった状況が生じていた。

　加えて、大手ITベンダーは、ウォーターフォール型と呼ばれる開発手法がメインだった。

　この開発手法では、企画、設計、実装、テストというソフトウェア開発の実装のプロセスを、1〜2年かけて順に行っていく。しかしながら、ITサービスに対するニーズや技術の変化を考えた場合には、1年後、2年後にシステムが完成したときには、すでにニーズとずれたものになってしまっていて、そのニーズにあわせるためにさらに追加の改修が必要になるといった事態が起きる。

　行政組織は、システム開発をベンダーに丸投げしているケースも多く、実際にどのような技術でそのシステムが動いているか把握しておらず、自分たちでそのソフトウェアをコントロールすることができない状況が続いていた。

「システム開発」から「サービス開発」の時代へ

　前述のとおり、クラウドコンピューティングの進展によってこの前提が大きく変わった。パブリッククラウドと呼ばれる汎用的なIaaS、PaaSの環境が提供されることで、サーバや開発環境の標準化が進み、その使い方を理解していれば特定のベンダーでなくても開発することが可能となった。

　加えて、すでに必要な機能が特定されている場合には、SaaSを調達することで、すでに目的にあわせて構築されたサービスを利用すること

が可能である。また、APIの活用を通じて自らが開発するサービスに特定の機能を付加することも可能だ。この点についてもAPIエコノミーの説明で述べたとおりだ。

こうした汎用的なクラウドサービスを活用するソフトウェア開発環境が揃ったことによって、ソフトウェア開発のスピードもより加速し、より短いサイクルで機能を実装できるアジャイル開発が、民間企業ではかなり浸透してきている。GAFAはもちろん、国内でも特にコンシューマー向けのアプリケーション、ウェブサービスを開発するYahoo!、LINE、楽天、メルカリ等の大手ITサービス企業や、多くのITスタートアップのソフトウェア開発はアジャイル開発の手法を導入している。

前述のとおり、コンシューマー向けのウェブサービスにおいては、ユーザーがサービスを継続して利用してくれることが収益につながる。月額課金のサービスであればユーザーがそのサービスの使用を停止した時点で、eコマースのサービスであればユーザーが他サービスで商品を買うようになった時点で、売り上げは減少する。

つまり、継続的に使い勝手を向上させることが求められる。そのためには、継続的なサービスの機能やユーザーインターフェースの見直しを短期で繰り返し行い、ユーザーの満足度を高めるとともに、競合他社の追従を免れることが求められる。ユーザーにとってメリットのある機能のアイデアがあったとしても、それを実装するのに1年要してしまうのだとしたら、競合他社に追い越されてしまうだろう。このようなビジネスニーズからも、短期的な開発を繰り返すことでサービスを改善していくアジャイル開発や、運用しながら機能も実装していくDevOps（デブオプス）と呼ばれる手法が導入されている。

海外政府においてもアジャイル開発はすでにメジャーになってい

る。イギリスのGDS（Government Digital Service）、シンガポールの
GovTech、アメリカのUSDS（U.S. Digital Service）などがアジャイル
開発の概念を導入しているのはすでに述べたとおりだ。

　シンガポール政府がCODEXを通じて行政デジタルサービスの開発環
境を整備しているのも、内部でソフトウェアを開発できる人材を抱えて
しまえば、ベンダーに過度に依存することなく、ソフトウェアの開発を
進めることが可能となるからだ。そして、内部でアジャイル開発を実現
できれば、ITサービス企業と同じスピード感でデジタルサービスの実装
が可能となる。

　後述するが、アジャイル開発ではメンバー全員がシステム開発に関し
て同じビジョンを共有しながらそれぞれの役割を果たしていくことが重
要となる。外部のベンダーではなく、業務を理解した内部の開発者が行
政官とともに開発を進めていければ、コミュニケーションのタイムラグ
を減らし、一体となった開発が可能となる。一方で、行政官もそのリテ
ラシー向上とサービス開発に対するコミットメントが必要だ。ここから
は、具体的にアジャイル開発ではどのような手法がとられるのか見てい
きたい。

一般的なアジャイル開発の考え方

　アジャイル開発は、1〜2週間程度を1サイクルとして、企画、設計、
開発、テストを行い、動く機能として完成させる。この1つのサイクル
を「イテレーション」と呼ぶが、その期間内で開発する機能を設定して、
企画、設計、開発、テストを行い、動く機能として完成させる。このイ
テレーションを回すことによって段階的に機能を拡張し、サービスを完
成させていく。決まったイテレーション内で完成しなかった部分はバッ

クログという形で記録を残し、次のイテレーションの開発に回していく。

　アジャイル開発ではこのようにイテレーション内で企画、設計、開発、テストを一体的に進めるため、プロダクトマネージャー、プログラマー、デザイナーといった開発に関係するメンバーが1つのチームとして機能する必要がある。

　ウォーターフォール開発では企画、設計、開発、テストが完全な分業になっており、企画の担当者、設計に関わるシステムエンジニア、開発を行うエンジニア、テストを担当するテスターにのみ関わるというケースが多かった。この方法では、前のプロセスに関わっていた人がどのような意図で作業を行ったのかが正しく伝わらず、最終的にできあがったソフトウェアが、クライアントの意図するものとずれてしまうリスクがある。特に、仕様や要件がしっかり定義されていない場合にこうしたことが起こってしまう。この問題を避けるうえでもアジャイル開発においてはチームで同じソフトウェアの理解を共有することが重要となる。

　チームのサービスに関する共通理解が深ければ、開発スピードはさらに上がり、一定期間内にユーザーに届けることができる。創出できる価値をベロシティ（速度）というが、このベロシティが高まればサービス開発をより早いスピードで行っていくことができるのだ。

アジャイル開発の代表的手法「スクラム」

　アジャイル開発の代表的な手法にスクラムが挙げられる。スクラムという名前のとおり、チームメンバーがラグビーのスクラムを組むように連携して開発を進めることからそう呼ばれる。スクラムでは役割分担が決まっており、以下、その役割分担を見ていく。なお、スクラムでは、イテレーションでいう企画、設計、開発、テストの1セットのサイクルを「スプリント」と呼ぶ。以下スクラムでは、どんなメンバーが開発に

関与するか見ていく。

◆**プロダクトオーナー**：開発における最終意思決定者である。行政組織が開発ベンダーと連携してスクラムを行う場合は、この役割は行政官が担当することになる。プロダクトオーナーは開発全体をマネージするスクラムマスター（下で説明）とコミュニケーションし、スプリントが終わるたびにその進捗を踏まえて、次のスプリントの開発内容を意思決定する。

◆**スクラムマスター**：プロダクトの開発プロセスやチームを実質的にマネージする役割である。行政組織側が民間からIT人材を採用できるのなら、まずはこうした役割の人を採用すべきである。なぜなら、技術的知見を持ちながらプロダクトオーナーと密に連携しながら開発の進捗をコントロールすることが重要になるからだ。スクラムマスターはデザイナーやエンジニアなどの開発の技術メンバーとコミュニケーションしながら全体の開発を管理していく立場になる。チームに寄り添い、問題があれば話し合いの場を提供したり相談に乗ったりすることで、チームが実効的に機能することを支援する。

◆**開発メンバー**：上で述べたように、開発するサービスに応じてその専門スキルを持つメンバーをスクラムのチームに取り入れる。たとえば、サービスデザイナーやUI（ユーザーインターフェース）デザイナー、コーディングを行うプログラマーなどは、必ずどんなプロジェクトにも必要になるだろう。加えて、データ分析などに特化したようなソリューションであれば、データサイエンティストやAI、機械学習を利用するのであれば、そのスキルを持つエンジニアなど必要に応じたメンバー構成が必要になる。ITベンダーに委託してデジタルサービスを開発する場合

は、こうした開発に携わるメンバーに本当に適したスキルを持っている人がアサインされているのかの確認が必要だ。

　以上のように、プロダクトオーナー、スクラムマスター、開発メンバーの3つの役割を整理した。これらのメンバーがプロダクトの全体像を共有しながら、スプリントを繰り返してサービスを開発していく。ここからは、具体的なアジャイル開発の進め方について見ていく。

インセプションデッキ

　前述のとおり、アジャイル開発ではメンバーの認識を揃えるために、インセプションデッキ[51] というツールを利用してプロジェクトのスコープや目指すべき内容を整理していく。このコンセプトは『アジャイルサムライ』（オーム社）[52] という本を書いたジョナサン・ラスマセンによって提唱された。

　10個の問いに対して答えを出していくことで、プロジェクトが目指すものや、開発におけるさまざまな要素の優先順位をつけていくというものだ。このインセプションデッキづくりには、プロダクトオーナーも含めたすべてのメンバーが参画する必要がある。特に開発チームが内部でなく委託事業者等になる場合には、認識のズレを最小化するうえでも重要である。具体的には次のページのとおりだ。

*51

*52

1. **われわれは何故ここにいるのか**：今回のプロジェクトでどのような問題を解決するためにこれからサービスを開発していくのかを言語化する。

2. **エレベーターピッチ**：一言で言うと今回開発しようとしているサービスは誰を想定ユーザーとしていて、どのような機能を持っていて、どういったソリューションなのかを簡潔にまとめる。

3. **パッケージデザイン**：知らない人に対して開発するサービスを説明する際に、どのようなところが売りなのかを端的に整理する。

4. **やることやらないことリスト**：開発の中でやるべきこととやってはいけないことを整理する。特にやってはいけないことを整理することによって、チームの価値観を共有する。

5. **プロジェクトコミュニティ**：本プロジェクトに関連する人を全て洗い出してみる。開発チームだけでなく、プロジェクトに関わる人を全て挙げ、それぞれがどういった役割を果たすのかを確認する。

6. **技術的解決策**：具体的に利用するテクノロジーや機能、UIデザイン、システムアーキテクチャなどについて整理する。

7. **夜も眠れない問題**：プロジェクトにおいて最もクリティカルな課題が何かを明らかにし、メンバー間でその課題の重要性について共有する。

8. **期間を見極める**：おおよそいつまでに、何ができていることが最終的な目的達成との関係で重要なのかを確認し、大まかなスケジュール感を共有する。

9. **トレードオフスライダー**：開発するサービスの質、期間、予算などはどれかを優先すれば、どれかは犠牲にしなければならないケースがほとんどであり、そういった中で優先すべきものは何かを決めておくことで、プロジェクトの優先事項を明らかにする。

10. **何がどれだけ必要か**：プロジェクトに必要な人材、期間、予算等について整理しておく。

このような内容をチームメンバー全員で共有することで、同じルールや価値観の下で開発を進めることができる。開発時のメンバー間の齟齬が生じにくくなるうえ、サービスを通じて何を達成したいのかが明らかになる。この意思統一がきちんとできていなければ、チームとして一体感を持って開発を進めることが難しい。

　以前、経済産業省での勉強会で本内容についてレッドジャーニー代表の市谷聡啓さんにご講演いただいた。参加した職員からは、この考え方はアジャイル開発のみならず、チームで仕事をするうえで考えることは何かが詰まっているとの声もあった。
　私自身も、アジャイル開発に限らずどんなプロジェクトであっても、チームづくりではこうした考え方を整理しておくことが非常に重要であると考える。
　また、インセプションデッキは、サービスデザイン手法で紹介したような方法論ともオーバーラップする部分がある。たとえば、**1〜3**までの項目はサービスデザイン手法で整理されていればすぐに記載できるだろう。このようにサービスデザインの考え方とアジャイル開発には共通する考え方も多く、親和性が高い。

アジャイル開発の進め方

　インセプションデッキの作成を通じて、基本的なプロジェクトにおける共通認識や進め方が決まったところで、機能開発を具体的にどのような順番で進めていくのか、「リリース計画ミーティング」を行う。
　そのなかで、機能開発の優先順位や各イテレーションの開発内容、それぞれの開発プロセスにおけるメンバーの役割を整理する。これらをバックログとして具体的なタスクリストに落とし込む。イテレーションあたりの開発工数や開発速度を踏まえ、いつまでに、何ができる予定か

を、作業の工程管理ができるレベルに整理していく。

　これを作成したうえでイテレーションを実行する。たとえばスクラムでは、スプリント実行計画という形で1〜2週間程度のスプリントのなかで、どういうスケジュール感で作業を進めるか確認する。

　立ったままで短時間で行う「スタンドアップ・ミーティング」を通じて、それぞれの開発の進捗について毎日15分程度で共有する。

　スプリントが終了する際には、バックログにおいてどこまでの機能が完成したかを開発メンバーで確認し（プロダクトバックログリファインメント）、スプリントレビューという形でプロダクトオーナーも含めて進捗を確認し、バックログの更新・追加等を行い、次のスプリントに向けた計画につなげる。

　また、「スプリントレトロスペクティブ」でスクラムマスターを含む開発チームでそのスプリントの振り返りを行い、開発における改善点などを共有する。このプロセスを通じて、スプリントで生じていた課題を開発メンバーが相互に認識することで、次のスプリントでよりスムーズな開発プロセスを実現することにつなげる。

　ウォーターフォール開発との大きな違いは、開発状況やプロダクトオーナーのフィードバックを踏まえて開発する機能の優先順位が変わっていくことだ。これによって、柔軟に状況の変化に対応できる一方で、チームメンバーの緊密な連携が求められている。実際に、行政が開発をベンダーに委託する際には、このスプリントの過程すべてにコミットすることは難しいかもしれない。しかし、プロダクトオーナーは委託をする行政官自身だ。プロジェクトに責任を持ち、サービスの開発状況を把握するうえでも、スプリントレビューには確実に参加し、プロジェクト管理ツールを通じて状況を継続的に把握しながらチームの一員として必要な機能や進捗に関するフィードバックを密に行うことが求められる。

中小企業庁のアジャイルプロジェクト

　2018年度に中小企業庁で行ったアジャイル開発プロジェクトは、数多くある支援制度を中小企業にいかにわかりやすく伝えるかということをテーマに、サービスをプロトタイピングすることが目的としていた。プロジェクトでは、ユーザー視点の取りまとめに長けたCode for Japan、アジャイル開発に定評のあるギルドワークス、中小企業庁の若手メンバーがチームとなって取り組んだ。

　本章で述べたとおり、最初に行ったのはインセプションデッキの作成で、関係者の考え方を揃えることだ。まず、中小企業にどんなサービスを届けることが目的を達成することになるのかの議論から始めた。中小企業へのヒアリングなども経て、「支援制度ナビ」という制度を検索できるアプリケーションを開発することを目標として位置づけることになり、チームで打ち合わせを毎週設け、プロダクトオーナーである中小企業庁の職員が意思決定をしながらプロジェクトを進めていった。また、プロトタイプについてユーザーテストを2回設け、中小企業の利用による反応を見ながら、インターフェースや機能の改善に活かした。

　このようなプロセスを採用して行政サービスが開発される事例はこれまで少なく、実際に制度ナビは、ユーザーテストでも利用しやすいといった評価を得たのだが、一方で、当時並行して実証を行っていたミラサポplus、事例ナビとの連携が統合的に考えられていなかったことや、認証に活用するGビズIDの利用体験がまだ初期段階で不便であったことなどが指摘された。また、支援制度のデータの不備や、そもそも補助金制度の複雑さ自体に対する疑問も投げかけられた。このように本プロジェクトを通じて行政側にはデジタルサービスを開発するうえでどんなことを考えなければならないのかの多くの気づきを得るとともに、2020

年度にリリースされたミラサポplusの開発にもその学びが活かされ、ミラサポplusを支援ナビ、事例ナビやその他の機能と統合的にデザインすることで一体的な開発・運用がなされている[53]。

業務におけるデジタルサービス開発の
優先順位を上げよう

　前述のとおり、アジャイル開発のポイントは、すべてのチームメンバーがそれぞれの役割においてソフトウェア開発全体に対して責任を負い、コミュニケーションをとりながら開発を進めていくことにある。

　往々にして、行政官はソフトウェア開発を委託する際にその開発をベンダーに任せたままにしてしまう。担当職員に理由を問えば、他の業務が忙しいから、ITの知識を持っていないから、とさまざまな理由が出てくる。

　しかし、そのデジタルサービスを開発するのはなぜなのか、もう一度よく考える必要がある。ただオンラインで行政手続ができるチャネルをつくればそれでいいのだろうか。なんとなくベンダーに開発を任せたデジタルサービスがまったく使われなかったとしたら、それは何のためのデジタルサービスなのだろうか。

　そして、現状においてわれわれ行政官が通常業務に追われている理由はなぜなのか。それは、紙を中心としたオペレーションで業務を行っているからではないのか。そもそもデジタルデータを活用した業務プロセ

*53

172

スに改善しなければ業務が効率化されないといった背景もあって、その
デジタルサービスを開発しているのではないのか。

　行政官は、2〜3年で担当を代わっていくため、そのような業務の改
善が自分に裨益しないと思うと、努力するインセンティブが湧かないか
もしれない。しかし、全体で見れば、それは組織のパフォーマンスや市
民の満足度を高める重要な仕事であるはずだ。

　短期的な目の前の仕事を優先することで中長期的に大きくパフォーマ
ンスを変える仕事を疎かにするべきではない。ベンダーにサービスの開
発を委託するとしても、行政官がそのプロジェクトにコミットすること
が重要なのだ。

　こうした取り組みを強化するうえでも、市民へのサービス水準を向上
する取り組みや業務効率を改善する取り組みを行った行政官を、人事上
もより評価するようなインセンティブ設計が必要だろう。また、予算配
分プロセスにおいても、本当に効率的なシステム開発が行われているか
を全体最適のなかで評価する仕組みが必要となる。

　ここまで、サービスデザイン手法、プロセスデザイン手法、IT開発手
法の3つの手法を説明してきた。これら3つの手法は、サービスデザイ
ン思考とアーキテクチャ思考という2つの考え方に立脚したものであり、
相互に連携している。ユーザーの立場に立ってサービスを考え、スモー
ルスタートでリリースと検証を繰り返す意味では、サービスデザイン手
法と、IT開発手法の1つであるアジャイル開発は、連続性のある取り
組みになる。一方で、サービスデザインを考えるうえで、プロセス自体
の効率性もあわせて考えなければならない。処理時間の短縮によるユー
ザーの満足度を高めるだけでなく、行政サイドの業務効率化の観点から
も全体最適のなかで考えることが求められる。

これを実現するためには、ITサービス開発手法のなかでもデータ項目の標準化やプロセスの最適化が重要となり、プロセスデザイン手法を用いることが求められる。

　一方で、行政官がこれらすべてをこなす能力を持つことはかなりハードルが高い。委託先のベンダーと内部の行政官が役割分担をしながら、ワンチームでデジタルサービス開発を進めていく必要がある。この際に発注者、受注者の立場を超えて、一緒に市民にとって利用しやすいサービスを開発するという共通の目標の下、フラットな関係性で、行政官自身もそのサービス提供にコミットするという姿勢を確立しなければ、本当によいデジタルサービスを開発することはできない。

ベンダーロックインとは何か？

　行政システムの開発で「ベンダーロックイン」とはよく聞く言葉だが、実際に何のことを指すのかわからない方も多いかもしれない。

　これは、一般的に、システム開発を行ったベンダーが、その後の運用や改修についても継続的にそれを行い続けることで、他ベンダーへのスイッチができないような構造を生み出すことを指す。あるシステムを利用して業務が始まってしまえば、行政側にそのシステムの詳細を理解している人がいなければ、システムの機能変更等を自らで行うことができないだけでなく、変更にどのくらいの工数やコストがかかるのかも把握できないままとなる。つまりそのベンダーに依存する以外に方法がなくなってしまうのだ。

　これは行政側にシステム開発に関する知見が乏しい場合に生じる課題でもあるのだが、本コラムではなぜそのようなことが起きやすいのかアーキテクチャ思考の視点でひも解いてみたい。

1　サーバ・開発環境レイヤーのロックイン

　大手ITベンダーは、自社でサーバを提供し、自社の開発環境でソフトウェアを開発することが多い。いわゆるオンプレミスによるシステム開発だ。

　まず、サーバを購入する点で行政側には多額のキャッシュアウトが生じ、これを乗り換えることが容易ではないことが挙げられる。これはサンクコスト（埋没費用）の問題として他の分野でもよく指摘されるところであるが、一度投資した後に、本当はもっと効率的なシステムのソリューションが発見されたとしても、最初の投資が無駄になることを許容できないため、最初に行った非効率なシステム開発にしがみついてしまうという事態が起きる。特に行政の場合は税金を利用しているため、市民に対する説明責任との関係でもこうした思考が働くことが多い。

　しかもオンプレミスの場合、特定のITベンダーが独自に用意するサーバ上にその会社独自の開発環境でソフトウェアを構築する形になり、他のベンダーが運用段階で入ろうとしても、その開発環境やソースコードを理解するところから始まるため、既存システムを開発したベンダー以上に、効率的なソフトウェア開発が難しくなる傾向にある。

　加えて、行政が他のベンダーに切り替えを行おうと思った場合、既存システムを開発したベンダーは、ベンダー変更の障壁を高めるために、システム移行費用を高く設定することで他社が参入しづらくするインセンティブが働く。既存システムベンダーから見れば経済的に合理的な判断だが、行政側にとってはスイッチングコストが高くなり、選

択肢の幅が狭くなる。

　こうした問題の解決においては、まずサーバレイヤー、開発環境のレイヤーでなるべく汎用的なものの利用を指定することが考えられる。パブリッククラウドの活用は、こうしたサーバのレイヤーに起因するロックインを回避するうえで有効である。Amazon、Microsoft、Google、セールスフォース・ドットコムなどによるIaaS、PaaSのサービスが代表的だが、これらはユーザーのエコシステムを拡大し、さまざまな開発者が利用できるようにサービス化されている。

　これらを活用することは、オンプレミスをベースとしたサーバや開発環境の独自仕様によるロックインを回避する1つの手段となる。クラウド・バイ・デフォルトの意義はオンプレミスより柔軟に拡張できるクラウドリソースの活用に焦点が当たりがちだが、こうしたオンプレミスによるロックイン回避の意味もある。これまでサーバレイヤーからソフトウェアレイヤーまでをパッケージでしか調達できなかったのが、クラウドサービスを活用することで、サーバー、開発環境は汎用的なものとなるため、ソフトウェアの開発にさまざまな開発ベンダーが入れるようになる。一方でソフトウェアレイヤーにおいては依然として開発ベンダーによるロックインがかかりうる。

2　ソフトウェアレイヤーでのロックイン

　ソフトウェアを委託されたベンダーがとりうるロックインの手法としては、開発したソフトウェアの所有権を開発ベンダーが持ち続けることにより、それを他社が開発することはできない形で契約することだ。委託先の開発ベンダーに知的財産権が帰属すると、ライセンス料をそのベンダーに支払わなければ、そのソフトウェアを活用、改修することはできない。つまり、そのソフトウェアをベースとする限り、継続的にライセンス費用がかかり続ける。

　このため、開発ベンダーはライセンス費用を高く設定することで、改修による他の開発ベンダーの参入を防ぐことができる。この解決方法としては、まず委託契約時に行政側が成果物のソフトウェアの所有権が行政側に帰属することを明示することだ。

　もう1つのロックインの手法は、ソースコードをブラックボックス化させることだ。ソフトウェアのソースコードがブラックボックスになっていれば、そのソフトウェアに関して一番知見を持つのはその開発ベンダー自身になる。

　もし行政側にソフトウェアの所有権があり、そのソフトウェアの改修を元の開発ベンダー以外が手掛ける場合、既存のソースコードを落札後に理解せねばならず、落札する

までその改修がどれくらいの難易度なのか判断できない。つまり、既存のソフトウェア開発ベンダーはソースがブラックボックスになっている限り、そのソフトウェアの改修においては他のベンダーより入札において優位なポジションをとれるということだ。

こうした既存の開発ベンダーの優位性を排除するには、開発されたソフトウェアのソースコードをオープン化することだ。行政側にそのソフトウェアの所有権がある場合は、そのソースコードをどのように扱うかは行政側に決める権限がある。どこまでオープン化するかは行政側の判断による。

たとえば、そのソースコードをGitHubに上げてフルにオープンにすることもできれば、入札に手を挙げる開発ベンダーに対してのみオープンにするといったこともできるだろう。オープンソースの説明で書いたように、より多くの人がアクセスできる形でオープンにしておくことで、ソフトウェアの改善提案を得ることができるだけでなく、さらによいソフトウェアを提供できそうな開発ベンダーの参入促進にもつなげることができるだろう。完全なオープン化で誰にでも見られる状態を避けるために、入札に参加する意思のあるベンダーにのみ公開する形でもよい。入札前にそのソフトウェアがどのように構築されているのかを理解できることで、改修等における既存の開発ベンダーと新規参入ベンダー間の情報の非対称性は解消されるため、より公平な競争が入札で行われるだろう。

なお、この議論はSaaSのサービスには当てはまらず、基本的には受託開発によるシステム構築を前提としていることに留意されたい。そもそもSaaSは、ライセンスをサービス提供側が所有し、それを汎用的にサービスとして提供することで、ユーザーを拡大し、売り上げを増加させるビジネスモデルだからだ。

他社による改修を通じた改善ではなく、求められる機能を自社で継続的に汎用的なものとして実装することで、利用者のニーズを満たし、低価格で提供するところにSaaSの意義がある。このため、SaaSの事業者に対して、そのソフトウェアの所有権を求めたり、ソースをオープン化したりすることは難しいことは理解しておく必要がある。

いわゆるベンダーロックインといわれている状況がどういうメカニズムで起こっているのかは、その構造的要因をレイヤーに分解するとともに、ITベンダーがどのような経済合理性に従って行動をしているかを分析できれば、その解消法も解として浮かび上がってくる。

Chapter 7

IT企業のような行政組織を目指す

デジタルトランスフォーメーションに対応する組織の見直し

　現状でも各行政組織にはIT部門を担当する部署があるはずだが、この組織の位置付けはどちらかと言えば、バックオフィスの基幹システムの運用やITセキュリティの管理が主な業務となっており、行政サービスのデジタル化に重点が置かれていなかったところが多いと考えられる。

　しかし、今後は、バックオフィスの業務システムだけでなく、住民や事業者といったユーザー向けのフロントサービスもすべてオンラインを前提に整備することとなってくる。企業がデジタルテクノロジーの活用を経営課題の中心に置いて対応しているのと同様、行政も、これを組織変革の中心に置いて推進していかなければならない。企業において課題になっているのが、フロントサービスからオペレーション、バックオフィスまでをいかにデータを利活用して最適化できるかであるのと同様、行政もエンド・ツー・エンドでデジタル化することが必要となる。

　この際、トップのイニシアティブによる推進も重要だが、実際にデジタルサービスを運用するボトムアップでのアプローチも非常に重要となる。この両面からの対応によって、組織全体をデジタル化に対応したものに変革していくことが求められる。

　経済産業省の場合は、業務見直しやEBPMを担う業務改革課、行政サービスのデジタル化を進める情報プロジェクト室、バックオフィスのデジタル化を進める情報システム室が連携して省内のデジタル化を推進する体制を、大臣官房という、企業でいえば経営を担う部局に設置した。こうすることで、省内幹部の認知や各部局にその影響力を与えられるようにしている。また、官房長という行政官のなかでも組織全体を司る幹部に室長を兼任してもらうことで、省内への取り組みの本気度を示した。

この取り組み内容はChapter 3で詳述した。

実態を伴ったデジタル化の司令塔組織の配置

しかし、組織体制を1つにしたとしても、それが機能するわけではない。どの部署がより変革の意思を持っているかは、組織によって異なる。一方で、組織内のシステム全体を管理する部署の意識変革が進まなければ、組織内のシステムガバナンスを見直すことができないため、その部署の変革は必須となる。

行政デジタル化に関する予算を、情報プロジェクト室と情報システム室に集約することによって、開発されるデジタルサービスを横串で管理し、アーキテクチャを意識した共通機能の実装やデータの標準化などを推進している。このような中央集権的な組織の設置は、組織全体のシステムのガバナンスを効率的に行うためだ。

DX室は各現場のデジタルサービス開発のサポートも行う。具体的には民間企業でプロダクトマネージャーとして活躍していた人材を情報プロジェクト室で一括して採用し、サービスを開発する部署にその採用人材を派遣することで各サービス開発がスムーズに進むようにサポートする機能を果たしている。こうしたサービス開発に必要な能力は、将来的には各部局で確保し、自律的にデジタル化の取り組みが進んでいくことが目指すべき姿だ。

しかし、サービス開発に必要な能力が組織内にない場合には、まずは中央集権的な司令塔を置き、そこにナレッジを早く蓄積していくことがデジタルサービス開発のプロセスを確立していくうえで重要だ。目的を持たずになんとなくデジタル化推進の組織を設置しても、結局機能しない、ただの飾りとなってしまう。

現場職員の熱意をサポートする

　DX室を設置したことで、各部局の熱意ある職員から、担当部署の行政サービスのデジタル化を推進したいといった問い合わせが集まるようになってくる。

　これらの熱意ある行政官をサポートし、その実現の手伝いをすることが、組織を変えていくうえで重要だ。経済産業省の場合、デジタル化の取り組みを進めたいという若手の職員が多くいたことにより、中小企業庁や産業保安グループといった部局単位でもデジタル化を推進する部署を立ち上げ、その取り組みを予算面や人材面でサポートしていくことを最初に実施していった。特に若い職員はデジタルネイティブでもあり、自分の現場の非効率な仕事のあり方が変えられるという点においてモチベーションが高い。こうした若手職員にプロジェクトに取り組む時間を与え、取り組める環境をつくるために、幹部向けのプレゼンテーションの際にも、若手のミッションとしてデジタル化の取り組みを認めてもらうよう主張した。

　行政官の職務はほとんどがOJTであり、基本的には前例踏襲である。それが非効率な業務の温存につながってしまっており、ひいては、ユーザー視点で考えられないといったことが生じている。

　新しく入ってきた職員も、最初は問題意識を持っているのに、気づけばその現場のやり方にあわせてしまい、疑問すら持たなくなってしまうことが多い。若手職員がこうした状況に陥らないよう、2018年から2年目の総合職向けの研修を行っている。

　2年目の総合職向けの研修の内容は、情報プロジェクト室で作成したデジタルガバメントに関する研修動画*54を見て、自分の部署の業務改善やユーザーにとって魅力的なデジタルサービスを考え、プレゼン資料

にまとめるというものだ。

　この研修の目的は、本書で紹介しているような、行政デジタル化に関する基本的な理解を深めてもらうとともに、自分たちの業務はデジタルテクノロジーを活用して変えることができるという実感を持ってもらうことだ。

　こうしたデジタル行政サービスを考えるきっかけをつくり、組織の将来を背負う人材が、テクノロジーを活用した行政のあり方を考えていくことが組織の発展にとっても非常に重要だと思う。

　2020年は、管理職向けのデジタル研修も実施した。若手のデジタル化に対する意識が高まってくると、管理職の意識もそれにあわせてアップデートしていくことで、その若手の取り組みに対する理解を示してもらうことが重要となると考えたからだ。

　この研修では、産業界でどのようなデジタルトランスフォーメーションが進んでいるかという点と、行政におけるデジタルサービスの事例を紹介することで、産業政策としてデジタル化にどう向き合うべきか、自分たちの行政サービスはどう変わっていくべきかを考えてもらう機会とした。

　こうした研修がすぐに効果を上げ、業務の進め方が変わるわけではない。一方で、管理職であっても意欲的に研修に参加し、デジタルネイティブに負けないような柔軟な対応をしてくれるケースや、若手でも自らの業務にとどまらない幅広い視野でサービスを考えてくれるケースもあった。研修を通じてデジタル化を一緒に推進する仲間が少しでも増え

*54

ていくことが、結果として組織のあり方を変えていくはずだ。閾値に至るまでこうした草の根で学ぶ機会をつくり、職員の意識や文化を変えていくことが組織変革において重要なことだと考えている。

行政組織における民間IT人材の採用

　行政組織でIT人材を採用するにはさまざまなハードルがある。多くの行政組織はこの悩みを抱えているのではないだろうか。また、民間のIT人材を採用したとしても、彼らが活躍できる場をつくれるかどうかが、その人材が入ることによってデジタル化を加速できるかのポイントとなる。つまり、採用から組織内でのチームづくりまでをトータルでできないと意味がない。これまでも、政府CIO補佐官制度や各省の判断によって民間のIT人材を採用してきているが、彼らを受け入れる側の行政に協働する体制がない組織は、その能力を十分に発揮できていない場合がある。

　行政デジタル化の加速のなかで、行政組織内での民間IT人材の活躍がさらに重要になると考えることから、経済産業省の取り組みから得られた学びを共有したい。経済産業省で行政サービス開発のために民間IT人材の登用を進めたことは、多くのメディアで注目を集めた。われわれの取り組みは他省庁にも知られることとなり、複数の省庁からそのノウハウに関するヒアリング依頼が寄せられた。経済産業省での経験をシェアした結果、近年、いくつかの省庁でも民間IT人材の登用が進んできている。あわせて、経済産業省同様、DX専門の特命チームを設置して、取り組みを進める省庁も出てきた。今後、こうした省庁の横の連携を進めるとともに、デジタル庁とも連携していくことが重要になってくるだろう。デジタル庁で行政すべてのシステム化案件を手掛けることはできないなかで、各省庁もデジタル化を効果的に推進できる体制を構築しなけ

れば、その組織能力のギャップが行政デジタル化を停滞させかねない。

　民間のIT人材を採用する最大の理由は、行政機関のなかにITスキルを持っている人がいないがゆえに、多くの行政デジタルサービスの開発がうまくいっていないという事実があるからだ。行政側にITの知識を持つ人材がいないために、ITベンダーに対して、どのようなサービスを開発したいのか正確に伝えられず、意図したものと違うものができてしまうということが起きている。また、ITベンダーに委託するのは非常にコミュニケーションコストが高い。なぜならベンダーの多くは一から行政事務の内容を理解せねばならず、その学習に時間がかかるだけでなく、それをどのようにITサービスの機能として落とし込まなければいけないかをITリテラシーのない行政官とのコミュニケーションのなかで理解しなければいけない。このコミュニケーションギャップを解消するには行政の業務を理解してITベンダーと会話できるトランスレーターが必要なのだ。

　先進的な自治体の情報政策の部局では行政官がこうしたトランスレーターの役割をすでに果たしている場合もあるかと思うが、民間人材採用のポイントは、民間サイド（受注側）が何を考えているかを行政組織側にナレッジとして取り込むところにある。つまり、相手（ITベンダー）の思考パターンをわかった人を取り込むことで、相手の言葉を正しく理解できるようにするということだ。

　このようなトランスレーターが組織内部にいれば、サービス開発のナレッジは行政組織内に蓄積され、再現性も高まる。行政組織内部にITサービス開発の能力を育てていくことができる。実際には、行政組織のITサービス開発能力を高める手段としては、①行政官のITリテラシーを高めるか、②外部のIT人材を採用してその人材に行政実務を学んでもらうか、の2つの選択肢があるが、②のほうが時間的な即効性が高い。

また、民間IT人材と一緒に仕事を進めることで行政官のITリテラシーの高まりも期待できるから、結果的に①も副次的に実現できる。一方で、②が功を奏するには、行政組織に採用した外部人材が働きやすい環境を用意しなければならない。この点については後述する。

ITサービス開発能力強化のさらにもう一歩先は、行政組織内部でデジタルサービスの企画から開発・運用までできるようにしてしまう。つまり内製化だ。採用した民間IT人材が行政デジタルサービスの開発ナレッジを蓄積し、行政官と二人三脚でサービスを開発・運用できれば、コミュニケーションコストを最小化し効率的なサービス提供を進めていくことが可能になる。

ただ、この段階に進むには、人的投資や組織化するためのリソースも大きくなり、内製化のために時間がかかるといったデメリットにもつながりかねない。そこで、現在経済産業省で検討しているのがローコーディングツールの活用だ。だが、これについても組織内でのガバナンスルールをきちんと整理しておかなければ、いわゆる野良アプリが多くなってしまい、逆に管理が煩雑になってしまうということも想定される。このため、きちんとCoE（Center of Excellence）の組織機能を整備し、アプリケーションのガバナンスルールを整備することが重要となる。

民間IT人材の採用方法からチームづくりまで

以下は実際に経済産業省が民間IT人材採用を行った際のメソッドである。今後、民間IT人材の採用を検討する行政機関が増えるだろうが、検討のポイントとして参考にしてほしい。

プロのリクルーティングサービスを利用する

よい人材が欲しいのであれば、欲しい人材が登録するような場所で募集をかけなければリーチできない。自分の行政機関のホームページでのみ人材募集をしているケースがあるが、それを引く手あまたのIT人材が見る確率はどのくらいだろうか。採用情報は採用したい人材プールがあるところに出さなければ届かない。

また、民間のリクルーティングサービスの多くは採用者の給与の数割を成功報酬としている。行政機関がこれを活用すると予算が大きくなりすぎてしまうため、採用プラットフォーム利用料が定額のサービスのものをおすすめする。海外ではLinkedIn（リンクトイン）が使われるケースが多い。経済産業省ではビズリーチを活用した。

ジョブディスクリプションを明確にする

ひとくちにIT人材といってもスキルはさまざまである。エンジニアに来てもらいたいのか、プロジェクトマネージャーに来てもらいたいのか、データサイエンティストに来てもらいたいのか……など、まずはどんな職種があるのかを知りたければ、IT企業のリクルーティングサイトを見てみるといいだろう。募集職種に期待する役割まで明確に書いてあるはずだ。

たとえば、Googleのエンジニアリング・テクノロジーの採用サイト[55]を見てみてほしい。ここにあるだけでも20の職種がある。そして、それぞれの求人にはどんなスキルが求められているのか、どんな業務が期待されているのかが明文化されている。業務をきちんと定義しなければ

*55

それに合った人材は採用できないということがわかる。

　経済産業省の場合は、①サービス開発を内製化するチームを立ち上げるほどリソースがない、②早くさまざまなプロジェクトを立ち上げたい、③行政官と開発ベンダーのコミュニケーションギャップを埋めたいといった課題があった。その課題解決のため、「行政官のニーズを聞きながら、システムの要件を落とし、委託先のベンダーの開発をコントロールし、運用フェーズまで見るプロダクトマネージャー」を、「デジタル化推進マネージャー」という職種で募集した。

　ジョブ・ディスクリプション（職務記述書）の作成に当たっては、必ず、元民間でIT人材として活躍していた人をメンバーに入れることが重要である。特にスキル面でどのような資格や経験が求められるのかは、ある程度シニアで複数のプロジェクトを回した人材の知見が必要となる。経済産業省では、政府CIO補佐官と呼ばれるITプロフェッショナルでもシニアポジションの人材が募集のスキル設定に携わっていた。

給与水準を設定する

　デジタルトランスフォーメーションが叫ばれているなか、民間企業でもIT人材は取り合いの状況だ。

　実力のあるプロダクトマネージャーであれば、年収1,000万円超は当たり前である。現状の公務員の給与体系をベースに募集してもいい人材は来てくれない。

　経済産業省では、専門職非常勤とすることにより、週5日勤務の場合に年収800万円〜1,000万円となる形で設定している。これでも業界の水準に比べるとまだ低いのだが、われわれの掲げる行政のデジタル化というミッションへの共感、新しいフィールドへのチャレンジへの関心などの理由から応募してくれている。われわれとしては、国のプロダクトを開発したことで、その人のトラックレコードに残り、次の職場での採

用の評価として報われる形にしていきたいと考えている。「経済産業省の
デジタル化推進マネージャーをやったなら実力はあるね」となり、他社
での採用においてもプラス要素になることが目標だ。

柔軟な勤務形態を提示する

　経済産業省は基本週5日勤務での採用を目標としているが、場合に
よっては週2～3日でもOKとしている。実力があれば、その人の能力
を活かしてもらう機会を損失したくないからだ。

　非常勤であるため、年度ごとの契約更新になるが、基本は3～5年の
勤務である。これには2つの理由がある。1つ目は、5年以上採用する
場合、常勤職員として公務員の給与体系にあわせなければいけなくなっ
てしまうことだ。2つ目は、プロジェクト単位で成果を意識しながら働
いてもらうことだ。IT人材の場合、プロジェクト単位で転職を繰り返す
ことも多いため、このような働き方は理解が得られやすい。現在はコロ
ナ禍でもあり、リモートワークが基本となっている。デスクもフリーア
ドレスだ。ITツールについてもさまざまなものを活用しており、IT人
材が働きやすい環境をなるべく取り入れるようにしているが、これにつ
いては後述する。

書類選考でのポイント

　応募書類のチェックは、行政官だけではなく、IT人材の職員にも一
緒に見てもらう。ITスキルの評価は行政官では難しいため、行政官と
IT人材双方の視点から人材を評価することが必要となる。特にチェッ
クすべきは、自分たちがアサインしようとしているプロジェクトに似た
ようなプロジェクトをこれまでに経験しているか、それに必要なスキル
を持っているか、どの程度の規模のチームで働いてきたか、などだ。こ
れらの条件になるべく近い人材を採用することを目標とする。情報プロ

ジェクト室では、室のメンバーが応募書類を見て、評価し、複数の職員から面接に進めるべきという判断があった応募者に次の面接のオファーを送っている。

面接でのポイント

　経済産業省では3回の面接を行っている。

　1次面接は、デジタル化推進マネージャー2名と応募者1名で面談を行う。どちらかといえばカジュアルな雰囲気で、経済産業省側のカルチャーや期待されている内容を知ってもらうとともに、これまでの経験などについて語ってもらい、お互いの理解を深めるようにする。ここで相手がズレを感じるようであれば、採用後も一緒に働いていくことが難しい。

　2次面接は、政府CIO補佐官が担当している。応募者のスキル面を掘り下げながら、これまでさまざまな人材と働いてきた補佐官の視点から、責任を持ってプロジェクトを回せるかを確認する。

　3次面接は室長（管理職でもある私自身）が面談する。採用責任者として、再度われわれのチームが目指しているビジョンやミッションを伝えながら、採用条件を示し、一緒に働いていけるかの意思確認を行っていく。応募者のこの仕事に対するモチベーションなどを確認しながら、他のIT企業からもオファーが来ている応募者もいるため、経済産業省で提供できる機会やメリットを売り込む場として位置づけている。

　重要なのは、面接は採用側と応募者の「対話の場」であるということだ。応募者だけではなく、採用側である行政機関もその人のキャリアにとってこの職場で働くことがプラスになるのか判断できる情報をきちんと提供することが大切だ。この姿勢がないと、入った後に「こんなはずではなかった」と齟齬が生じ、お互いにとって不幸な結果となる。対話を通じてギャップを埋めていくのが面接である。

フラットなチームをつくる

　原則として、行政人材とIT人材は対等でフラットな関係を構築することが重要だ。行政官は行政事務の知見はあるかもしれないが、ITの知識は乏しい。一方で、新しく入ったIT人材はITの専門スキルは持っているが行政事務についての知識が乏しい。お互いの専門性を尊重し、ともに協力しながらよいサービスをつくっていこうとするカルチャーがなければ、IT人材のスキルが発揮されない。

　また、新しいことにチャレンジすることを許容し、経験から学んでいくカルチャーが重要である。これまでの行政の前例を超えたところに、ユーザーのニーズにあった、より効率的なサービスがある。IT人材の方の提案に意義があるなら、そのアイデアをなるべく実現できるよう、行政官も組織内ルールを変えることに協力する姿勢が求められる。

　完璧なサービスはなく、常に改善していくべきものだという認識も共有しなければいけない。行政の無謬主義や完璧主義を排し、サービスを開発していくなかで、よりよくしていく姿勢が必要だ。そもそも、IT企業のカルチャーと、現在の行政組織のカルチャーは非常にギャップが大きい。IT人材の心理的安全性を確保するうえでも、このようなカルチャーを育てていくことがチームの一体化につながる。

バリューを共有する

　行政組織のIT人材採用でありがちなのは、IT人材に「これはあなたの仕事だから」とすべて任せてしまい、行政官は助けの手を差し伸べようとしないことだ。この状態は、内部にIT人材を抱えていたとしてもベンダーに丸投げしているのと構造がまったく変わらない。チームとして働くことは、それぞれの役割を尊重しながら、同じ目標に向かって協力しながら走ることだ。「市民にとって便利な行政サービスを提供する」という共通の目標、ミッションの下に、働くうえで大切にする行動規範・

バリューを共有するからこそ、チームとして働くことができる。

　現在、情報プロジェクト室で行動規範として掲げているのは以下の５つだ。

　　１．セルフスターターであること（自立的に判断して行動する）
　　２．フラットな立場で議論し、関係者を巻き込むこと
　　３．情報をシェアし、助けあうこと
　　４．失敗を恐れずチャレンジすること
　　５．ワクワクする仕事をすること

　行政官もこのような行動規範を共有しなければいけない。IT人材を行政組織のルールにフィットさせるのではなく、彼らとともに働くために行政官自身も変わらなければいけないのだ。それを理解したうえで民間のIT人材を採用しなければ、結局はお互いにとって期待した成果が得られず不幸なことになるだろう。

ナレッジが蓄積される体制を構築する

　デジタル化推進マネージャーは、情報プロジェクト室で一括して採用し、プロジェクトを抱える各部局に情報プロジェクト室から派遣させる形をとっている。デジタル化推進マネージャーの採用を一括して行うことで、採用ナレッジを蓄積し、よい人材を採用できるようにしている。

　デジタル化推進マネージャーを情報プロジェクト室にプールするのは、マネージャー間のつながりを生み出し、サービス開発における学習を共有できるようにするためでもある。行政組織のシステム開発で問題にぶち当たったとき、毎回一から自分で解決策を考えるのは非常に効率が悪い。別のプロジェクトで類似した問題に対応経験があるマネージャーに聞くことができれば、問題解決のスピードは早まる。

また、開発しているプロダクトのなかには、すべてのプロジェクトで共通で利用するサービスもある。その場合はマネージャー間が有機的につながり、情報を共有できる体制を整えることが欠かせない。こういった組織体制を通じて、情報プロジェクト室を中心とした省内のITガバナンスを強化するとともに、サービス開発におけるスタンダードを築いていくことができる。経産省DX室でデジタルサービス開発のプレイブックを発表しているのもそのスタンダードを関係者で共有するためだ*56。

コミュニケーションを通じて一体感を生み出す

　業務においては、物理的な場所の制約を受けないように、なるべくITツールを活用している。

　たとえば、チームコミュニケーションツールのSlack（スラック）でその日の体調、業務内容、業務の終了時間などを報告したり、ITに関する気になるニュースなどを共有したりしている。各プロジェクトの進捗状況は、タスク管理ツールのTrello（トレロ）で全員が確認できる状態にし、情報プロジェクト室メンバーである政府CIO補佐官、デジタル化推進マネージャー、行政官全員で週１回ミーティングを行い、懸念事項や今後の進め方の方針を共有している。ITベンダーとのやりとりは、プロジェクト管理ツールのBacklog（バックログ）でコミュニケーションをとることを基本とし、メールでありがちな重要な確認漏れがないようにしている。

　加えて、情報プロジェクト室では、「Code for Japan Summit（コード・フォー・ジャパン・サミット）」といった外部のシビックテックのコミュ

*56

ニティイベントにも参加しているが、われわれの取り組みのPRの意味だけでなく、デジタル化推進マネージャーも含めたチームビルディングの役割も果たしている。

　2019年の夏には、情報プロジェクト室のメンバーで合宿を行った。これは、情報プロジェクト室がこれからどこを目指していくのかを新しくメンバーとなった職員にも共有するとともに、お互いの人物像を理解するために行った。こうした形でオンライン・オフラインの両方で自分がチームに所属していることを実感でき、自分は1人ではないという環境を生み出すことが重要だ。

シビックテックとともに創る

　新型コロナウイルス感染防止対策において、シビックテックと呼ばれる市民を中心としたコミュニティによる市民向けデジタルサービスの開発が脚光を浴びた。特に東京都の新型コロナウイルス対策ダッシュボードの取り組みがCode for Japan[57]によってサポートされていたことでその知名度は拡大した。普段はIT企業などで働くが、自分の会社とは別の形で社会に貢献したいと考える人たちは数多く存在する。兼業や副業が進むなか、こうした活動に参画を希望する人は、今後さらに増えていくだろう。事実、東京都のコロナ対策サイトの構築を契機に、数千人ものメンバーがCode for JapanのSlackコミュニティに登録している。

　シビックテックの動きは、もともと、市民が自らの手によって市民向けのサービスを改善しようというCode for America[58]によるムーブメントから始まっている。これを日本に持ち込んだ団体の1つが、Code for Japanだ。Code forの取り組みには、各地域に根差す課題の解決のための組織としてCode for 横浜、Code for 福岡、Code for 愛知といった独立した組織が存在する。これをブリゲードと呼び、80以上の組織が

ある。この他にも、CIVIC TECH JAPAN[59]といった団体もあり、各地でシビックテックをサポートする組織が活動している。

　こうしたシビックテックの活動は、自治体をはじめとする行政のみでは達成できない課題をともに解決するポテンシャルがある。実際に東京都のコロナ対策のサイトはCode for Japan中心に開発され、そのソースコードはオープンソースとして公開された後、都道府県でシビックテックの団体を中心にフォーク（分岐して別の独立したソフトウェアを開発すること）され、一部は自治体が公式化して、市民に情報発信を行った。

　シビックテックの取り組みは多くの人が参画できる形であるため、オープンソースの環境で開発されることが多く、ゆえに透明性を担保されている。

　一方でコロナ対策サイトでも課題になったのが開発されたサービスに投入されるデータの信頼性や品質である。行政においてもこれまでオープンデータの取り組みはなされてきたが、多くの場合、データを公開するという「形」だけで、その本質的な意味は社会的にもあまり認知されていなかった。

　だからこそ、いまだにPDFなどによるデータ公開が多く、コンピューター言語で読み込める機械可読な形式での公開が少ないという現状がある。新型コロナウイルス感染情報の可視化に関する取り組みは、整理されたデータを公開すると何が可能となるのかが社会にもわかりやすい形で示された。データだけが公開されても理解されないが、シビックテックによりそのデータを活用したウェブサービスとしてわかりやすい

*57

*58

*59

形で提示されたことで、市民にもその価値を理解できたのではないだろうか。

　国や自治体がシビックテックと協働していくためには、彼らが使いやすい形でのデータ提供が求められる。経済産業省では、新型コロナウイルスの感染拡大を受けて、さまざまな企業が無償で提供しているサービスを検索できるようなプロジェクトを実施した。この際、経済産業省で行ったのは、決まったデータフォームにあわせて民間企業の無償サービス登録を募り、そのデータをオープン化することだった。このデータをCode for Japanの福野泰介さん[60]が活用して検索サービスを開発し提供した[61]。この他にも経済産業省ではコロナ対応の事業者支援制度のデータをオープンデータ化し、これを活用してYahoo![62]や東京都[63]などが独自の事業者支援メニューの検索サイトを構築した。

　機械可読で標準化されたオープンデータの重要性はシビックテックの活躍により、より高まったと言えるだろう。こうした行政と市民の新たな関係性は、今後の日本にとって新しい形のサービス提供手法として重要な財産となる。オープンデータを活用したオープンソースのサービス開発の流れは、パブリックサービスの開発のあり方を次の次元にもたらした。これをオープンデータ2.0と呼ぶことができるだろう。日本のパブリックセクターにもやっとオープンソースの活用が訪れたが、それを牽引したのは官僚でも、自治体職員でもなく、市民そのものだったのだ。

　シビックテックの動きは、現在の行政の動きに対するヒントでもあると考える。市民が求めているものは何かを素早く察知し、それに反応していくことが求められているなかで、素早く形にしていくことが期待されている。だからこそCode forをはじめとする対応に支持の声が集まっている。

　行政側は、現状はたとえソフトウェア開発の能力がないとしても、市

民の求めるものを素早く察知する姿勢は持てるはずだ。国・自治体が柔軟にシビックテックと連携できるような体制を構築し、ともにサービスを開発することができれば、よりよい公的サービスの提供が可能となる。

　台湾やシンガポールでも、こうしたシビックテックと行政がサービス開発を協働して行えるような仕組みづくりが進んでいる。台湾のIT担当大臣であるオードリー・タンさんがコロナにおけるマスク配布のサービス構築等で脚光を浴びたが、それを支えていたのも台湾のシビックテック団体gov0 *64 との普段からの交流の延長としての協働であった。

　Code for Japanは、「Code for Japan Summit」を、CIVIC TECH JAPANは「CIVIC TECH FORUM（シビックテックフォーラム）」をそれぞれ年1回開催するほか、定期的にシビックテックプロジェクトにまつわるイベントを開催している。行政官も、このような場にもっと積極的にコミットして交流を深め、シビックテックとの連携のチャネルを拡大していくと、よりよい市民サービスの実現につなげられるはずだ。

*60

*61

*62

*63

*64

官民連携によるサービス開発

　前述のとおり、行政側が保有するデータを標準化し、オープン化できれば、民間企業がそれを活用して公的なサービスを開発することも可能となる。また、行政側がデータを受け取るAPIを整備すれば、これを利用して民間企業がよりユーザーにとって使いやすいインタフェースのサービスを提供することが可能となるはずだ。

　これまでは、民間企業に委託して行政サービスを開発してもらうのが当たり前だったところを、民間企業がAPIを活用して自社のサービスのなかに行政手続を埋め込むといったことが可能となる。たとえば、SmartHR社*65は年末調整等の労務手続を行いやすくするために、厚生労働省のAPIを活用した人事管理サービスを提供しており、2020年時点で3万社以上が利用している。

　また、前述のとおりLINE社は、行政情報の提供や公金決済などをLINEのプラットフォームで行政機関が提供できるようなサービスを始めている*66。特に自治体に向けては、「LINEスマートシティ推進パートナープログラム」というサービスを提供し、利用自治体の増加を図っている。2020年10月時点で300以上の自治体が登録しており、無償でアカウント登録が可能となっている。LINEにとっては、公共サービスがLINEのプラットフォームを通じて提供されれば、一般ユーザーである市民がLINEを利用する頻度を上げることができ、広告やeコマース等、他のビジネスへの送客につながる確率を高められるメリットがあると考えられる。

*65

*66

行政手続のインターフェースなどをユーザーに使いやすいものとして SaaSの形で提供するといったサービスも考えられる。グラファー*⁶⁷は、行政手続の申請や行政手続の検索をユーザーが利用しやすい形で提供するようなサービスをSaaSとして提供している。ここでも行政側がAPIでデータを受け取れる仕組みができていれば、バックオフィスの仕組みも連携してデジタルオンリーで業務を完結することができる。この他、DAP（ディーエーピー）社のように許認可申請のSaaSを提供するといった企業も出てきている。WiseVine（ワイズバイン）社*⁶⁸はRESAS（リーサス、地域経済分析システム）のAPIと中央官庁、自治体の調達データを組み合わせることで、それぞれの自治体での事業がテーマに応じてどのような結果を出したのか、その際にどんな調達事業者と連携していたのか調べられるサービスを開発し、より効果的な公共調達が実現できるようなサービスを提供している。TRUSTDOCK（トラストドック）社*⁶⁹は公的個人認証を活用したオンライン身元確認（eKYC）のサービスをAPIとして提供するなどしている。

　APIエコノミーの考え方は、行政と民間企業が連携してサービスを提供するうえでも重要となってくる。また、シビックテックが新しくサービスを開発したとしても、これを維持しながら継続的に運用していくためには、行政機関だけでなく、民間企業がこれに参画することでより持続可能な形でのサービス提供が可能となる場合もあるだろう。このように、行政機関、シビックテック、IT企業などが連携しながらより利用しやすい公共デジタルサービスが提供されていくことが重要であり、その

*67

*68

*69

ような価値を共有したエコシステム（生態系）が構成されていくことが必要だ。このエコシステムには、前述したようなサービスデザインを専門とするデザインファームや、オープンデータを活用したデータ分析等を行うアカデミアなどの参画も必要だろう。また、今後のエコシステムを支える人材を輩出するうえでもシビックテックや教育機関の活動は重要だ。

　「行政サービス」という言葉を「公共サービス」という言葉に置き換え、皆でそれをよくしていこうという態度は新しい行政への市民参画の形であるとも言えるし、行政という概念の転換でもある。

　このようなエコシステムの考え方は珍しいものではない。スタートアップがビジネスを拡大するうえで、先人たちが積み上げてきたプラクティスを共有し、そこにベンチャーキャピタルをはじめとする投資家、弁護士、会計士、大学といった関係するプレーヤーたちも参画していきながら、よりよいスタートアップを輩出していこうといった動きは、アメリカではシリコンバレー、オースティン、ボストンなどで進み、イスラエル、シンガポール、北京、深セン（中国）、パリ、ミュンヘン、ロンドンなどに広がった。現在では、世界中の都市でそうしたスタートアップエコシステムを構築しようとする動きが生まれている。スタートアップゲノム社[70] は、こうしたスタートアップエコシステムを評価し、ランキングにするといった取り組みも行っている。

　私が学んでいたシンガポールでは、Blk71[71] というエリアにスタートアップ、ベンチャーキャピタル、行政の支援機関等が隣接し、オフィスをシェアしながら、日々ピッチのイベントやナレッジシェアのセッションが開催されており、私もよく足を運んだ。今後、デジタル化を通じて産業間の壁がなくなっていくなかで、テーマにあわせたエコシステムの発展が期待され、公共サービスもその例外ではない。

経済産業省では、2019年から、Govtechのエコシステム醸成のきっかけづくりとして「Govtech Conference Japan（ガブテック・カンファレンス・ジャパン）」を開催しているが、これは行政サービスのデジタル化というテーマにおいて関心を持つプレーヤーが一堂に会し、プラクティスや課題を共有するとともに、そうしたプレーヤーの有機的なつながりを促す目的がある。こうした場を通じてより多くの人が行政のアップデートという社会変革に参画し、それぞれの役割を果たしながら、ともに変えていくことが望まれる。

*70　　　　　*71

上：2019年当時の合宿での集合写真。

左下：省内で事業者の方々とローコーディングツールを利用した
ハッカソンを実施。

右下：ロゴの入ったピンバッチやチョコレートはチーム内の帰属
意識や対外認知に貢献。

Chapter **8**

新型コロナウイルス感染拡大で見えた
行政サービスの課題

2020年は、新型コロナウイルス感染拡大防止対策としてのマスクの配布や給付金等の経済支援などがオンラインで効率的に行えなかったことに対して、市民や事業者の不満が生じ、政府のITシステムの整備不足に焦点が当てられた。デジタル庁を設置するとした菅政権でのイニシアティブも、この教訓が大きなきっかけとなっている。

　ここからは、今後の行政がどのようなサービスを実現していくべきかを議論する前提として、行政システムやサービスにどのような課題があるのかを整理してみる。

市民・事業者がデジタルIDを所有していない

　個人向けの特別定額給付金は、オンラインでの認証にマイナンバーカードが必要で、すぐに電子申請を行えない点がボトルネックになっていた。マイナンバーカードを取得するのも1カ月以上かかり、電子証明書のパスワードを複数回間違えると市町村役場でロックを解除してもらわなければならず、これらの点も電子申請の混乱に拍車をかけた。カードの申請のために市町村役場に市民が押し寄せると、役所の窓口が密になってしまうことからも、自治体の対応が郵送に寄せられた理由の1つだろう。

　また、スマホで申請をするにしても、マイナポータルのアプリ経由からでしかマイナンバーカードの認証ができず、ブラウザと相互運用性がない点もデジタルテクノロジーに明るくない人にとってはわかりづらいものだった。

　事業者向けの持続化給付金は、申請に必要なID取得における混乱を避けるため、経済産業省がすでに用意していた事業者向けのデジタルIDであるGビズIDの利用を諦めた。GビズIDがまだ十分普及していないなか、一刻も早く申請できる環境を整備するためだった。認証は簡易な

ID、パスワード方式を採用し、身元確認には公的身分証明書の写しと確定申告の写しを電子ファイルで添付させることで代替した。一方で、認証を簡素化してしまったことにより、代表者の身元確認を十分に行うことができずに不正受給やなりすましが生じてしまった。

　この経験から得られた教訓は、身元確認済みのデジタルIDを早く市民や事業者に行き渡らせなければならないということだ。

　デジタルIDが市民に普及している韓国、台湾、シンガポール、インドなどでは、本人を特定した形で給付が迅速に行われ、市民の満足度も高かった。特に韓国、台湾、シンガポールは、マスクの配給にもこのデジタルIDが活用され、迅速な対応が実現できていた。

　オンラインというバーチャルの世界における「ジブン」とリアルの世界の「自分」が同一であることを証明できる機能がなければ、バーチャルの世界でのなりすましが生じてしまう。だからこそオンライン上で「ジブン」が「自分」であることを証明する機能が必須となる。

　さらには、電子署名や決済といった意思決定、価値の取引の機能もリアルとバーチャルを接続するうえで非常に重要であり、これらの共通機能はインディアスタックの事例で説明したように、デジタルインフラとして社会に提供されていく必要がある。

紙とデジタルの2重オペレーションによる非効率

　特別定額給付金の申請方法は、自治事務として、各自治体の判断により、オンラインと郵送の2種類からどのように行うかが自治体単位で任されていた。この結果、両方の手段を用意した自治体ではオペレーションが煩雑になっただけでなく、申請者もどちらがいいのか判断がつかず混乱を招く原因となった。

特に、オンライン申請と紙（郵送）の申請を統合的に管理することは非常に大きな負担だっただろう。オンラインと郵送の各プロセスのラインを用意する必要があり、二重給付やなりすましなどを防ぐために、申請内容を統合的に管理しなければならない。現場の職員にとっても大きな負担が生じた。

　オンライン申請では、市民の申請データ自体に誤りがあった場合、職員が誤りの部分を電話等で本人に確認して修正しなければならなかった。これは、システムが住民基本台帳と申請情報が自動で突合されないことや、入力フォーム自体にエラーチェックなどの機能がないことに端を発している。

　また、世帯主とその世帯主に紐づく家族の確認にも苦労を要した。家族の一部が他の自治体に住民登録されている場合は、自治体間で電話等により確認をとらなければならない。

　これらの結果、オンラインと郵送のどちらかのオペレーションに寄せたほうが、給付も早くなり、市民のニーズにも早く応えられるため、一部の自治体ではオンライン申請を断念し、オペレーションに慣れている郵送申請に寄せる動きもあった。

　かたや、事業者向けの持続化給付金は、申請方法をオンライン申請のみに限定した。こうすることで、バックオフィスのオペレーションを一本化し、給付事務に迅速に対応できる体制を整備した。しかし、オンライン申請が苦手な経営者等の申請向けにサポート会場を設けるなど人が補助する手段を講じねばならず、こうした業務を人海戦術で対応していった。短期間にこれまでの補助金等とは桁違いの数百万の事業者に交付を行う必要があったから、結果として多額の業務委託費用を支払うこととなった。

特別定額給付金（個人向け）と持続化給付金（事業者向け）の２つの事例は対照的だ。

　ここで得られた教訓は、①オンラインで申請してもらうには、わかりやすく、入力ミスを防ぐようなユーザーインターフェースや体験を構築すべきこと、②行政が保有するデータが有効活用されるようなシステム構成を整備すること、③バックオフィスのオペレーションは効率化された形に一本化することでヒューマンエラーなどのミスを最小化し、迅速に行われるようにすべきこと、④すべてオンラインにプロセスを寄せたとしてもデジタルデバイドに対応するようなサポート体制を用意し、取り残されるユーザーを生み出さないこと、などが挙げられるだろう。こうした点を今回の学びとして一般の補助金申請や給付金の交付等に活かすことで、オペレーションの効率性とユーザー体験の改善を追求していくことが求められる。

日本の行政システムのアーキテクチャが抱える課題

　上述のような新型コロナウイルス感染症対応で露呈した課題から根本的な問題をたどっていけば、行政システムのアーキテクチャが整理できていないことが大きい。

　各省庁、自治体でバラバラにシステムを開発してきたことで、それぞれのシステムが接続することを前提とした設計になっておらず、何を共通化させればいいかといった思想がない。これはネットワークからソフトウェアまで、物理からバーチャルに至るまでのレイヤー構造の理解が進んでいないことから生じている。また、APIエコノミーを前提としたソフトウェアレベルでのレイヤー構造においても同じ課題が存在する。

　具体的に各レイヤーにおいてどのような課題があるのだろうか。霞が関の現在のシステムを例に、レイヤーに分けて順番に見ていきたい。

◆**ネットワーク**：各省庁のローカルネットワークは、現在それぞれ個別に調達されており、それをさらに霞が関内のネットワークでつなぐ仕組みになっている。このような冗長性は、省庁間のデータのやりとりを面倒にしている。A省庁の職員が自分のPCを持ってB省庁に行っても、B省庁からはA省庁のローカルネットワークに接続できないため、必要な資料を紙で持っていかねばならないのだ。ローカルネットワークの調達を各省庁単位で行うと、このような不都合のみならず、規模の経済が働かず、コストも割高になっている可能性がある。

◆**サーバ**：同様に、各省庁の基幹システムのサーバもほとんど個別に調達されている。これにより、各省庁で活用できるデータの容量や、その上に載せるアプリケーションに違いが生じ、業務環境の均一化が図れていない。省庁ごとのメールの容量制限が異なる、サーバが共通化されていればファイルシェアも同じディレクトリにアクセスすれば済むところ、いちいちメールで送受信する必要があるといった弊害が生じている。

　また、どういったサービスであればクラウドを活用すべきか、構築するシステムにあわせてどのようにクラウドサービスを選択すべきかといったポリシーが十分整理されていないため、特に行政手続システムのサーバはさまざまな形で分散化されている。どういった行政システムやデータがどのサーバ、クラウドリソース上に載っているのかというガバナンスの観点からも整理を進める必要があると考える。

◆**OS・開発環境**：OS（オペレーションシステム）は、基本的には全省庁でWindowsを採用しているが、基盤システムの調達時期により、Windowsのアップデートのタイミングが異なる。また、他のOSでの開発環境が用意されていない。

開発環境は、行政システムごとに、ベンダーの選択した開発環境で構築されている。そもそも行政自身がソフトウェア開発を行う概念がなく、多くは外注しているために、システム開発のために共通化すべきテクノロジーの整理が行われておらず、開発標準が存在していない。

　IT企業では、開発言語や開発に活用するテクノロジーをある程度標準化し、開発効率を高めている。内製の場合でも、それにあわせた人材を採用すればいい。しかし、行政はそういった開発環境のガバナンスがなされていない。

◆**ソフトウェア**：すべての省庁で同じグループウェアを利用しているにもかかわらず、その調達はバラバラとなっている。ゆえに、バージョンやライセンス内容の相違がある。コロナ禍においては、各省庁が調達しているウェブ会議のサービスが異なるために、省庁間でうまく会議ができないなどの問題が生じた。これは前述した各省庁のローカルネットワークや、対応ブラウザの違いなども関係している。一部の省庁では、いまだにInternet Explorerでの利用環境を要求する、Google ChromeやMicrosoft Edgeに対応していない、などの問題も見られる。

　また、市民・事業者向けのサービスも、各省庁によるバラバラのソフトウェア開発により非効率が生じている。この部分については後述する。

　レイヤー単位で見た場合に何が課題なのかを洗い出し、調達の共通化、仕様の標準化をしていかなければ、対応が部分的になり、利便性の向上も部分最適に陥ってしまう。このような状況はITの価値を最大限発揮しているとは言い難い。

　自治体においては、この問題がさらに大規模に生じているだろう。デジタル庁発足後、レイヤーで整理した場合にどの部分を国が共通化し、どの部分を自治体が調達、利活用していくべきなのかの整理が必要とな

る。

　特に今回の新型コロナウイルス対応で生じた課題解決には、ソフトウェアにおけるデータベース、データ交換基盤、アプリケーションといったレイヤーを、どのように整理するかのアーキテクチャ設計が非常に重要になってくる。

　Chapter 5で海外の行政システムのアーキテクチャの特色を事例とともに示したが、日本がデジタルガバメント先進国と違う点は、この部分の整理が政府全体で十分に進んでいないことだ。上述の課題とあわせて、以下で整理してみたい。

共通機能サービスの未整備や普及の遅れ

　インディアスタックの事例で紹介したとおり、市民・事業者が利用する行政サービスでは、共通で使う機能は共通サービス化されるべきであるのにそれがなされていないのが現状だ。この結果、複数の行政組織が同じ機能を開発していることになり、重複投資となる。ユーザーから見れば、基本機能がバラバラだと管理が煩雑となり、わかりにくいものだ。たとえば、以下のような機能の共通化が必要になる。

◆**行政手続のログイン（認証）**：現在はそれぞれのサービスごとに認証サービスが提供され、ユーザーは複数のアカウントを管理しなければいけない。ユーザーのアカウント管理の手間を解消するには、マイナンバーカードやGビズIDといった共通の認証サービスに統一していくことで、シングル・サイン・オンを実現すべきである。

◆**オンラインの支払い**：行政機関で決済手段が共通化されていない。個人は公金決済の口座のマイナンバーへの紐づけが進むことによって口座

の特定は可能になるが、もう一段利便性を上げるためにはインドのUPI
のように、モバイルペイメント等にも対応した決済手段のベースになる
ようなインフラの整備も必要になるだろう。

◆**行政からの通知**：依然として行政からの通知は紙中心だが、住所変更
などにより通知が正確に届かないなどの障害が起きるほか、郵送コス
トもかさんでしまう。インドではDigiLocker、イギリスではGOV.UK
Notifyといった電子私書箱（メールボックス）のサービスが提供され、
行政からの通知はすべてそこに届くようになっている。

手続きシステム標準化の未整備

　韓国のeGovernment Frameworkで見たように、行政手続のプロセ
スを管理するソフトウェアについてもそれぞれの手続き類型（補助金申
請、許認可申請、計画認定等）においてそのプロセスが整理されていれ
ば、毎回同じ手続き類型のシステムをスクラッチから開発する必要はな
くなる。既存の行政システムのソースコードを用い、手続きの目的等に
応じ、異なるデータ項目のみを変更することで省庁を跨いでも、同じよ
うな手続きのプロセスであれば同じシステムで対応できる。
　これができていないがゆえに、システムとして最も非効率になってい
るのは、自治体の手続き申請システムだ。法定受託事務といったどの市
区町村でも共通に行う手続きは、開発・運用の面でもシステムが共通化
されているほうが効率的だ。また、ユーザーである市民や事業者にとっ
ては、補助金申請、許認可等同じ類型に整理できる手続きは同じシステ
ムで処理できれば、手続きの進め方に関するユーザーの予見可能性も高
まり、手続きが楽になる。
　一方で、システムの共通化がうまく進まない理由の1つに、同じ手続
きだとしても、自治体によってローカルルールが存在し、その変更に対

する抵抗感がある。ローカルルールが生じるのも、実はその作業が紙を中心とした人による作業だからであり、その点をどう見直すかは、国がその標準プロセスを自治体に対して示さなければできない。今回、コロナ禍でワクチン接種記録システムであるVRS（Vaccination Record System）がチャレンジしているのはまさにこの部分である。国が接種記録のデータを保存するサービスをクラウド上で構築し、自治体が住民の接種記録を、これを活用して保存する。システム構築・運用は国が行い、業務での利用は自治体が行うといった、新しい国・自治体の役割分担のあり方をVRSは実現していると言えるだろう。

データ連携基盤の未整備

　現状の日本には、オンライン手続きにおける共通機能、ベース・レジストリと呼ばれる社会的な共通データベース、各手続きを管理する行政手続システム等の間でデータ交換を行う基盤の仕組みがない。それぞれのソフトウェアやデータベースの接続の仕方が標準化されていなければ、それらを接合させる度に改修を加えなければならず、新しいサービスを既存のシステムを活用しようとすると、コストも時間もかかってしまう。これを回避するためには、ソフトウェア間を接続するプロトコルを共通化しておくことで、それにあわせて必要に応じて自在にシステム間が連携できるようにしておくことが必要となる。エストニアのX-Roadは、こうしたデータ交換を効率化するために構築され、官民のデータ交換に寄与している。その結果として、データを一度提出すれば再度入力必要のないワンスオンリーがさまざまな行政手続で実現しているのは前述のとおりである。

ベース・レジストリの未整備

　デンマークの事例のとおり、デジタルガバメント先進国では、ワンス

オンリーを実現するために基本的な個人情報、法人情報、不動産情報、住所等のデータベースが標準化、共通化されている。日本の行政組織はこうしたデータベースが十分に整備されていないだけでなく、各省庁バラバラな形式でデータを保有し、しかもそれらが最新の情報にアップデートされていないといったことが各所で起きている。

　結果として市民や事業者に何度も同じ基本情報を入力させて、情報をアップデートするという途方もないコストを生じさせている。正確な情報を管理するべき点でも、各省庁で重複した管理の負担がかかっている。

　このように、ソフトウェアの各機能レイヤーの総体として行政システムのアーキテクチャを考え、その青写真を国・自治体の行政官すべての間で共有されることが重要になる。こうしたアーキテクチャを理解する思考こそが、全体の設計図のなかで自分がどの部分を担当しているのかの理解につながり、縦割りを廃した全体最適につながる。

　また、こうした共通機能をAPIで連携させる設計図のデザインでは、まずは既存のシステムのあり方に引っ張られずあるべき姿（To Be）を整理しなければならない。そうでなければ、既存のシステムのあり方（As Is）に中途半端に引きずられてしまい、本当に目指す姿を見失ってしまう。本来あるべき姿とのギャップを整理し、インパクトや取り組みやすさなどの観点から、バックキャストで行政システムのリニューアルを考えていくことが結果として早道になると考える。

　また、To Beのシステムアーキテクチャを整理することで、その上のレイヤーである、法制度をはじめとするルールをどのように変えなければいけないかも見えてくる。つまり、ソフトウェアレイヤーの改変の方向性が決まれば、自然言語のルールをどのように変えていくべきかが予見可能となり、法制度によるシステム改変の妨げが起こらないように先回りして法律を変えることができるようになる。こうした観点からも行

政のデジタルサービスを見直すうえでアーキテクチャ思考が極めて重要であることがわかる。

オンラインにおける本人確認とマイナンバーカード

　普段の生活で、あなたの存在は何によって証明されるのか。

　たとえば、銀行口座を開設するとき、免許証などの公的身分証明書を求められるのはなぜだろうか。それは、公的身分証明書が、「あなたが存在している」証として国によって発行されているからだ。銀行もそれを確認することで、あなたの公的な存在を確認しているのだ。これを「身元確認」という。対面のときは実物を見せて確認、郵送のときはその写しを送ることが多いだろう。最近はオンラインの画面上で自分の顔と公的身分証の顔をAIで照合して確認する方法もある。これはeKYC（Know Your Customer）といわれる仕組みの1つだ。

　「身元確認」による実在性の確認とあわせて、「当人認証」と呼ばれる、オンラインでの行為者が本人であることを確認する仕組みがある。これはいわゆるログインの仕組みだ。この技術はインターネット普及初期はIDとパスワードを設定して終わりだったのだが、パスワードが第三者に漏れてしまえば他人でも代わりにオンラインの手続きができてしまう、いわゆるなりすましができてしまう。現在では、SMSによる認証や、指紋、顔、虹彩なども組み合わせた生体認証、暗号技術を活用した電子署名などよりセキュアな技術の活用が進んでいる。

　特にオンラインでの活動が増えていくなかで、自分の存在をいかにオンライン上で確認するかがより重要になってきている。オンラインにまつわる犯罪のほとんどがなりすましによる詐取や、匿名性に頼った誹謗中傷であることからも、身元確認の重要性は理解できるだろう。

マイナンバーとマイナンバーカードは異なるもの

　身元確認を行ううえで、行政側は、誰がどういう人なのかという実在に関する4情報（氏名、生年月日、住所、性別）を台帳化している。

　しかし、その人の実在を確認するために、毎回、台帳にある名前や住所をいちいち照合するのは大変である。同じ名前や生年月日、住所等の重複がある場合、これを効率的に判別するようにしたい。

　このため、行政側は、行政事務にあわせて、免許番号や保険証番号など、番号に紐づけて個人の情報を識別している。これと同じく、住民情報を効率的に識別するうえで、国がすべての国民1人ひとりに振った番号がマイナンバーだ。その利用目的は、課税や

年金等の社会保障事務の効率化、災害時対応の効率化等の特定の目的に制限されている。

　一方で、マイナンバーカードは公的身分証明書の１つである。あなたが存在していることを確認するものである。そして、免許証があなたが免許を取得していることを証明するのと同じように、あなたが自分の所得に応じて課税される義務を負っていることと、年金等の社会保障を受ける権利を持っていると国が「身元確認」済みであることを示している。

　つまり、「マイナンバー」は、膨大な人がいるなかで、あなたを識別する「番号」であるのに対し、「マイナンバーカード」はあなたが実在することを国が認める「証明書」である。

　さらに、マイナンバーカードの他の公的身分証明書との違いは、オンライン上の手続きにおける「当人認証」にも活用されることだ。マイナンバーカードには、あなたがオンラインで手続きをしていることを確認する当人認証に活用可能な電子署名が内蔵されている。

　電子署名は、物理的なカードに保存されている暗号を活用した、レベルの高い「当人認証」の手法である。特別定額給付金の電子申請でマイナンバーカードを求めていたのは、カードのチップに内蔵する電子署名を活用して申請者を確認するためだ。

　ここまでをまとめると、マイナンバーカードはその人の公的な存在を確認する「身元確認」の機能と、オンライン上での行為者が本人であることを確認する「当人認証」の機能両方を持っているということだ。

マイナンバーとマイナンバーカードが連携できれば、もっと行政手続は効率化する

　ここまで見てきたように、「マイナンバー」は税・社会保障等の目的で個人を特定するために利用する番号であり、「マイナンバーカード」はその人が公的に実在することを証明する（身元確認）とともに、オンラインで手続きを行う本人であることの確認（当人認証）手段であることがわかった。

　そして、この２つが連携して活用されると、一度入力したデータを度々入力しなくてよいワンスオンリーが実現する。マイナンバーは、住民情報だけでなく、納税や年金などの情報も紐づいている。これらのデータがマイナンバーをキーに情報連携できると、マイナンバーカードで認証する際にそのデータをデータベースから引っ張ってきて、入力すべき項目を減らすことができるはずだ。

　たとえば、オンラインフォームで郵便番号を入れると住所が自動入力されるのをイメージしてみてほしい。これと同じで、マイナンバーカードで認証すると、番号に紐づ

いた情報がすでに行政側にあれば、必要に応じてその情報と連携し、支援等の手続きの際の電子フォームにすでに自動入力されるといったことが実現できる。

　しかしながらマイナンバー法では、前述のとおり、マイナンバーと紐づけていいのは、税、社会保障、災害対策の情報のみとなっており、他の手続きには利用できないこととなっている。プライバシーの保護や国による個人管理につながるとの懸念から、このようなルールとなっている。

　一方で、台湾のマスク配給がスムーズに行われたのは、保険証がICチップのあるデジタルIDになっていたことと、データが保険証番号に紐づけ可能だったことにある。これができたからこそ、マスクの受取枚数も管理できた。

　こうした実態を踏まえれば、マイナンバーを利用したデータ連携によるオペレーションの簡素化・ユーザー体験の向上とデジタルIDとしてのマイナンバーカードの普及両方を進めていく必要がある。

　まず、マイナンバーを利用したデータ連携については、税・社会保障だけでなく、行政手続一般にデータ連携できる環境を実現すれば、市民はデータの入力の手間が省け、行政側はデータの突合の負担がなくなる。さらなる活用が実現すれば、自治体職員の負担を相当減らせるのではないか。無条件に番号を紐づけることが個人情報保護上、問題があるのであれば、ユーザーである市民の同意をとった場合のみ連携させる形でもいいだろう。

　次に、2021年のマイナンバー法の改正で可能となるマイナンバーカードの機能のスマホへの内蔵は、ユーザーにとって、カードの当人認証機能の活用拡大をもたらすだろう。電子署名機能のスマホ搭載は市民がカードを持ち歩く手間がなくなるし、カードリーダーが不要となるため、ダイレクトに認証に活用することが可能となる。自分のカードを持ち歩きたくない、スマホで手軽に行政手続を済ませたいといったニーズも満たすほか、将来的には顔認証等の生体認証の技術を活用し、よりユーザーが使いやすい認証の手段もとれるようになるだろう。

　こうした改善とともに、認証機能を利用可能な行政手続や民間サービスが増加していけば、マイナンバーカードのデジタルIDとしての価値はさらに高まっていくだろう。

Chapter 9

目指すべき
Government as a Serviceの方向性

Government as a Service
（サービスとしての行政）を目指す

　社会のデジタル化を通じてこれまで物理的にやりとりしていたものがオンライン上のプラットフォームを通じて提供されていく。日常生活でフィジカルに購入していたものが、サービスとして提供されはじめている。かつてはレコードやCDを買って聴いていた音楽が、Spotify等のサービスを通じて月額で無制限に聴けるようになった。こうした定期購読型のサービスが、個々の企業からの製品やサービス購入を代替していく変化は、われわれも生活のなかで感じているところだろう。食はUber EATSで取り寄せ、住む場所は定住しなくてもAirbnb等で選ぶことができ、洋服もairClosetなどのサービスで借りることができる。持っているものはメルカリで売り、必要なときだけまた買うといった消費行動も可能だ。

　衣食住について所有に縛られない世界が徐々に実現している。仕事もクラウドソーシングが進み、空いた時間で自分のスキルややりたいことをお金に換えられる。

　こうしたデジタルをベースにすべてがサービス化していく世界観で行政サービスを捉えたとき、今後どのような変化が想像しうるのだろうか。

　まず、行政手続をする際、われわれは役所や窓口となる部署を調べるが、ユーザーが行政サービスを受ける行政組織を探すという体験はなくなる。

　自分が普段使うサービスのプラットフォームによって、自分が受けたいサービスをわかりやすく選べる、自分のステータスにあわせてプッシュでリコメンドされる。納税なら、自分が受ける行政サービスに応じたコスト負担と、わかりやすい料金プランが必要だ。自分が受ける行

政サービスのベネフィットとそれに応じたコストが可視化されることは、ユーザーである市民に対する説明責任のうえでも意義がある。ただし、富の再分配の機能である累進課税の部分と実際の行政サービスコストを分けて考えることは必要だろう。

　加えて、これまで行政が公共サービスとして提供していたものが、デジタルプラットフォームを通じて市民同士のマッチングやAIの活用などから、行政の介在がなくても提供できる世界が実現するかもしれない。行政が中央集権的に課税し、サービスを提供していたものから、分散型のサービスへと行政から一部手を離れていくことが考えられる。

　こうしたデジタル化に伴うトランスフォーメーションは、これまで権威的だった行政の存在自体の見直しにつながる。市民にとって必要なのは、あくまで行政が提供するサービスであり、組織そのものではない。行政はサービスを提供するプラットフォームとなり、行政官のサービスにおけるオペレーションへの介在は限定的になり、むしろ、主な仕事は、いかにユーザーが利用しやすいサービスを提供するか、自治体であればその地域固有のコミュニティとしての価値を実現するかに変わっていく。つまり、コミュニティマネージャーとしての役割が中心になっていくだろう。

　Government as a Serviceとは、このように市民が必要なサービスを必要なときに簡易に提供するプラットフォームを意味する。これが実現すると、行政官の役割はルール形成やコミュニティ形成が中心的な役割に変容するだろう。

行政手続のSaaS化

　たとえば、補助金申請の手続きをデジタルサービスとしてSaaS化す

ることで、すべての行政組織は同じシステムを通じて補助金の公募から手続き完了までを管理することができる。補助金申請という手続きは、基本的には同じプロセスに整理できるはずであり、それを管理するシステムが1つあれば、省庁、自治体に関係なく同じように補助金申請の管理機能を提供できるはずだ。

　しかし、現状の課題は同じプロセスをとるべき手続きがそうなっていない、ゆえにそれを実現するシステムもバラバラで重複投資されており、効率化されていないということだ。これを行政手続のSaaS化は解消しうる。その際のメリットは、①ユーザー体験の標準化・向上、②システムの開発、運用費の大幅圧縮、③手続きプロセス・データの標準化である。

ユーザー体験の標準化・向上

　行政手続のSaaS化はユーザーである市民にとってメリットをもたらす。オンラインで行政手続が可能になるだけでなく、たとえば、自治体を転出して他の自治体に行っても手続きが共通のデジタルプラットフォームで行うことができれば、市民にとっての手続きのストレスを下げることになるだろう。データ連携を通じて転入先に転出元のデータが引き継がれ、部署間でのデータが連携されれば、紙に何度も同じ情報を書くといった市民の手間も大幅に減る。

　これまでのシステムは一度つくったらそれで終わりだった。しかし、SaaSとして継続的な改修が行われれば、継続的なUI（ユーザーインターフェース）、UX（ユーザーエクスペリエンス）の改善が期待できる。APIが整備されれば、民間企業のメッセージングアプリや会計ソフトと連携し、そこから直接手続きができるといったことが可能になり、よりユーザーに近いタッチポイントから気軽に申請ができるようになるかもしれない。APIエコノミーを通じて官民のサービスが連携することでよ

りユーザーの利便性を高めることが可能となる。

行政システムの開発・運用費用の圧縮

　補助金申請システムも補助金ごとに個別につくられてきた。つまり、50の補助金があれば最大50の異なるシステムを構築していたということだ。加えて、開発後もその補助金が毎年度提供されるとすれば、運用・改修の費用はそれぞれで継続的にかかっていく。

　自治体に当てはめると、その重複投資の問題がより明らかになる。最近では複数自治体によるシステムの共同調達も進みはじめたが、ざっくり言えば、1,741の自治体が、同じ行政手続を提供するためにバラバラにシステムを調達している。これは、社会全体で見ればIT投資の大きな無駄だと言えないだろうか。同じ行政手続のシステムをクラウドベースで開発し、このシステムを各自治体が利用すれば、開発も1つのシステム、運用・改修も1つのシステムについて行えばいいということになる。たとえば、その標準システムを開発するのに通常の5倍のコストがかかったとしても、社会全体で見れば、個別につくった場合と単純に比べて、5/1741＝約0.3％のコストとなる。これまではサーバ管理に張り付いていた職員の負担も、クラウドベースになれば軽減される。サービスのクラウドリソースの管理は中央集権的にそのサービスを提供する主体に任せればいい。これらは、サーバ管理からサービスまですべてを1人でカバーする、ひとり情シス問題に悩まされている自治体にとってもメリットになるだろう。

行政手続オペレーション・データ標準化による効率化

　とはいえ、各自治体で同じ行政手続であっても現場のオペレーションは違うとおっしゃる自治体の職員の方もいるかもしれない。一方で、同じ行政手続であれば、本来は、すべての自治体で同じオペレーションで

行政手続がなされるべきだ。

　行政手続SaaSはこの問題を解決しうる。まず、数多く存在する行政手続のうち、各自治体で共通化できるものはできるだけ同じシステムを活用することでオペレーションの手順も標準化される。これによるメリットは、手続きのオペレーションが機械によって代替されることで属人化しないことだ。複雑な手続きほど、その手続きに精通した人でないとできないといったオペレーションの属人化の問題が起きやすい。SaaSの利用は、こうした属人化を抑制し、その結果として事務コスト、システムコストを低減するとともに、煩雑な事務処理から行政官を解放してくれる。さらに、データ項目が標準化されることによって、各自治体のデータセットが同じ形で管理されることもメリットとなる。たとえば、住民が転居するときに必要となる行政手続の場合、A自治体で入力したデータが、データ連携を通じてそのままB自治体で処理しやすくなる。

　行政手続のSaaS化を進めると、国と自治体の役割分担自体も変わっていく。これまでは紙を前提とした手続きのため、自治体の事務として任せていた手続きが、国によるシステムを通じてすべての市民共通に提供できるようになるものもあるだろう。デジタル化とあわせて、国と自治体の業務分担や、システムに対する関わり方の新しいデザインが必要となる。前述のとおり、新型コロナワクチンの接種記録システム（VRS）は、国がシステムを整備し、自治体がこれを活用して接種記録の業務を行った。こうすることで、市民の接種記録が同じデータモデルで管理可能となり、域外での接種記録も管理できた。テクノロジーのメリットを最大限活用したときにどのような役割分担が適切なのか見極める必要がある。

　当然、自治体ごとに固有の課題や行政手続は存在するだろう。こうした地域固有の問題に対応していく余力を担保するうえでも、共通化、標準化が可能な手続きについては、こうしたSaaS化により、事務コスト

を低減できる。その結果として行政官はより人でなければ対応できない課題に注力していくことが可能となる。

公共サービスのSaaS化

　クラウドサービスのメリットは公共サービスでも享受することができる。これまでは行政サービスとして提供していたものが、実は民間ベースで回せる可能性が高い領域も増えてくる。たとえば、高齢化に伴い、医療・介護費の増大による国家予算の逼迫が進んでいるが、テクノロジーの活用を前提とすれば、もっと違うシナリオが見えてくるかもしれない。テクノロジーによる国家の役割の変容についてどういったことが起こりうるか考えてみたい。

P2Pサービスによる社会リソースの最適化

　介護サービスのSaaS化とシェアリングエコノミーを通じて、たとえば、軽介護であれば要介護者と介護支援者をマッチングさせ、施設を持たなくても要介護者に介護サービスを提供することが可能になるかもしれない。ユーザーからのフィードバックを通じてサービス提供者のクオリティがきちんと評価されれば、現状よりも介護の資格要件は緩やかになる可能性もある。同様に、デイケア、保育、教育などの分野も、SaaSをベースとしたシェアリングエコノミーによるマッチングによってより社会リソースの最適化につなげることができる可能性がある。このような仕組みが整えば、行政がそのサービスに信頼を付与することでP2P（Peer to Peer、サービス提供者と消費者が対等の関係で運営される仕組み）で回る世界が実現でき、介護費等の公的支出削減にも貢献するかもしれない。

AIによるサービス代替

　簡易な医療診断はAIスピーカーに話しかけることで代替可能となる
かもしれない。処方薬のオンライン販売が可能になれば、AI診断とあわ
せて薬が届くといったサービスも実現する。場合によってはデータから
導かれた診断結果のほうが正確な場合も予測される。実際に、このよう
なビジネスは中国で始まりつつある。加えて、医療診断に至る前の段階
からウェアラブルデバイス等で活動状況を把握し、健康増進プログラム
をデジタルサービスとして個々人に合った形で提供し、予防につなげる
ことも可能だ。

　また、簡易裁判についてもAIによって代替できる可能性があり、エ
ストニアでは7,000ユーロ以下の簡易な裁判をAIに行わせる実証なども
実施されている。裁判には多額の費用と時間が必要であり、そのサービ
スを享受できる層は実は限られている。こうしたテクノロジーを活用す
ることで、より幅広いユーザーがその恩恵を受けられるようになるかも
しれない。このように、これまで人間が提供していたサービスが機械に
よって代替することで財政における医療費等の削減や手続きの自動化が
可能となる。

　これらのように、行政サービス自体がP2Pモデルや機械に代替され
れば、行政が直接これらのサービスを提供する領域は狭くなり、支援す
べき負担も減少していくことが考えられる。これらは特に高齢化におい
て大きくなる医療・介護費をオフバランスし、財政負担を低減していく
ことに貢献するだけでなく、より幅広い市民が低コストでサービスを享
受できる状況を生み出し、社会的な包摂を拡大する可能性を秘めている。
ただし、引き続き高度な判断や技術を要する裁判、医療行為等は人の果
たす役割や国の医療保険等リスク担保機能を維持する必要があるだろう。

納税のSaaS化

税構造のリデザイン

　行政手続やサービスがSaaS化するのと対応する形で税の概念も本来の公平・中立・簡素の原則に則って、体系を構築することができるのではないか。民間の多くのSaaSのサービス利用料は基本的にサブスクリプション型であり、受けられるサービスに応じて定額で支払う形になっている。サービスのデジタル化にあわせて、サブスクリプション型の考え方を税体系に持ち込んで頭の体操をしてみよう。

　課税の意義は大きく公共サービスを受ける対価としてのサービス利用料と、所得の再配分による経済的な格差の是正に分けられる。なお、公共サービスは、市民であれば皆享受できるサービス（ユニバーサルサービス）と、居住する自治体で受けられるサービス（ローカルサービス）、その他社会資本を形成するサービス・投資の3つに分類されると考えられる。

　現状では、ユニバーサルサービスであっても自治体に作業が任されているもの（法定受託事務等）があり、これが紙をベースとしているがゆえにサービス提供の非効率を生み出している可能性があることは前述のとおりだ。コスト面から見た場合、ユニバーサルサービスに関しては1単位あたりのサービス費用は本来どの居住地でも同一であることを目指すべきだが、現状ではそのコストは自治体の効率性によって異なる状況だろう。

　これが同じコストにならないのは、同じサービスに対して投入する労働と資本が異なるからだ。たとえば、ある自治体は効率的なプロセスを組んでいるので1人で済む作業が、もう1つの自治体では2人で行っている場合や、サービス提供に必要な設備が異なる場合がある。デジタル化を通じて、このプロセスが標準化され、さらに人が関わるプロセスが

減少すれば、同一サービスに対するコストはほぼ同じに収れんしていくだろう。さらに、データを活用することで、各行政のサービスにどの程度のコストがかかっているかを可視化し、ユニバーサルサービスに対してどの程度税という対価を払っているかを見える化できれば、納税に対する納得感も高まるのではないだろうか。

　加えて、現状ではローカルサービスとして自治体が独自に提供しているサービスがどの部分なのかも市民には見えづらい。そこで、自治体の独自性やその地域が大事にしている価値等を反映したサービスを、ユニバーサルサービスと切り離して示すことができれば、地方税を支払う価値があると考え、移住してくる人もいるかもしれない。それが自治体間で比較可能な形で可視化されていないために、地方税を払うインセンティブも見えづらい。

　ふるさと納税はこうした考え方を一部見せていると思われる。返礼品がその地域の独自性を表しており、その価値を感じた人が納税するからだ。通常のローカルサービスにおいても同様の考え方から可視化されることには意味がある。提供される価値とその対価を意識することで、行政がより身近になることはないだろうか。

　社会資本を形成するサービスは、いわゆる公共投資や産業・文化等の政策的支援、防衛費などが挙げられる。こうした社会資本投資についても、その原資が法人税だとすれば、どういった法人がどの程度納税していて、どの程度、補助金や公共調達を受注しているのかといった情報が可視化されると、その受給・支援の妥当性もより説明しやすくなるだろう。新型コロナウイルス感染拡大等で経済を支えるためにさまざまな給付や補助金が提供されているが、これらも個社のそれまでの納税状況を踏まえて、どこまで還元されているかが見えるようになれば、その意義や公平性についても説明しやすくなる。

ここまでを整理すると、①基本パッケージであるユニバーサルサービスはそのサービスに対応した定額を支払い、②自分が住む地域固有のローカルサービスの費用は住む自治体によって額が異なり、③所得再分配部分は所得額に応じて傾斜して課税され、社会資本形成なども踏まえて分配されるという3層構造を考えることができる。

　①はほぼすべての自治体で標準化されており、同じように供給される公的サービスに対応し、価格差がない状態を想定する協調領域である。国が提供する一般的な行政サービスに関する費用もこのカテゴリーに入る。

　②に対応する部分が各自治体の個性を表す取り組みに対する費用で、各自治体が市民を惹きつけるための競争領域の部分になる。自治体が価格づけとコミュニティのブランディングを紐づけて行う領域として定義される。

　③は、これまでは自治体に対して交付金として分配されていたものを個人の所得に応じて還元するとともに、その他のセーフティネットにプールされるお金として位置づけられる。

　税は、これまで課税対象をベースにその構造がデザインされてきたが、提供するサービスベースで税体系をリデザインすることが、Government as a Serviceを実現するうえでも必要なのかもしれない。

納税のタイミングと納税地の柔軟化

　納税がデジタルで行われるようになれば、課税のタイミングは1年に1回でなく、1カ月に1回、1週間に1回といった間隔に変更できる可能性もある。これは同時に、納税地の柔軟化の議論にもつながる。特に前述の②のローカルサービスに関わる部分だ。

　現在は、たとえば東京に住んでいる人が福岡に長期出張で3カ月滞在

することになっても、地方税は東京に1年分納めるのが通常である。わざわざ3カ月だけ住民票を移すコストが大きいからだ。しかし、実際に受けているローカルサービスの対価としては、3カ月分は福岡で支払い、残り9カ月分を東京に支払うのが、応益負担の考え方からは妥当なはずだ。関係人口や二拠点居住に関する議論がなされるなど、個人のモビリティ（移動性）が非常に高くなっている潮流があるなか、1年間同じ自治体にとどまっているほうが珍しくなっている人もいるだろう。徴税がデジタル化されていれば、このように、徴税の間隔を変更しての「課金」も可能になるかもしれない。

　加えて、銀行・証券口座のデータ、カードの利用データなどがAPIを通じて政府に共有可能であれば、自動計算プログラムにより、納税の自動化をも実現させられるかもしれない。e-Taxに入力するまでもなく、給与が振り込まれた時点で自動的に所得に反映され、費用についても保険料、不動産の利子支払いなどが自動的に仕分けされれば、控除等も自動で計算可能だ。こうした考え方が進めば、税はあたかも行政サービスを利用した分だけ支払うといったコンセプトに近づくと考えられる。実際にエストニアでは、API連携により、ボタン1つで納税が完了するケースもある。

市民による政治参画のデジタル化

　以上では行政サービス、納税のデジタル化について述べてきたが、政治への参画のあり方自体もデジタルテクノロジーを通じてアップデートが可能だろう。

　選挙という仕組みは、社会のルールを効率的に意思決定するために代表者を決めるものだが、現代の間接民主制はそのリアリティを感じづらい状況になってしまっている。有権者が社会がどうあるべきか考えても、

投票という行動でその実現に影響を与えることはできないというギャップを感じているから、投票に行かない人も多い。

　そこで、選挙を中心とする政治参画システムが抱える課題と、それを再定義するとすればどのようなあり方があり得るのかを考えてみたい。

現在の間接民主制が抱える課題

　現在の選挙制度は、投票所まで足を運ぶコストは大きいものの、自分の投票が政治に与える影響が見えにくい。特にマジョリティでない有権者が投票するインセンティブは、プロセス、結果両方の面から低下している。たとえば、高齢者割合が増えることにより、自分たちの利益が尊重される可能性が低いという諦めから、投票に関心を失っているという声を実際に若者から聞いたこともある。

　これは、LGBTや子育て世代といった社会的な人口割合の低いセグメントの有権者についても当てはまると言える。

　また、有権者が選んだ代表者のすべての主張に納得できるケースは少ない。たとえば、争点がA、B、Cと3つあったときに、このすべてが自分と同じ考え方の候補者を見つけることは難しい。政党の仕組みもこれらの争点に対する立場を固定化する役割を持つが、同様の課題があるといえる。加えて、各議員が各争点についてどのような立場をとるのか、比較可能な形で示されていることはほとんどないため、選びづらいといったこともある。

　加えて、小選挙区の場合、候補者がその地域において自分の得票数を最大化するために、国全体として目指すべき利益より地域の利益を優先することは起こりうる。国会議員全体の意思決定が各地域の意見を代表しているので、総体として国会の意思決定は最適化されるといった議論はあるかもしれないが、たとえば東京の選挙区が多いがゆえ、東京の住民の意見が強く国政に反映されるといったことは起こりうる。これも地

域的なマイノリティを阻害することになりかねない。このような課題を認識したうえでテクノロジーを活用した集団意思決定の仕組みを思考実験してみたい。

電子投票による足のコストの削減と投票結果のリアルタイム表示

まず、電子投票自体は技術的には難しくなく、これができれば足のコストは大幅に減ることが予測される。

エストニアでは、投票者の30％以上の人がすでにオンライン投票を行っており、導入により遠隔地での投票が増加したといわれている。導入のポイントは本人確認だ。本人が投票していることの確認手段をどのように担保するかがポイントとなる。エストニアの場合はe-IDで本人を認証することで投票者を特定している。

同じ前提に立てば、マイナンバーカードを利用したオンライン投票の仕組みは有効だろう。オンライン投票は、実際に本人が投票している状況を見ることができないため、他者から脅されて投票するなどが起き得るのではという懸念の声もある。

一方で、エストニアでは、投票期間中であれば、有権者投票をし直すことが可能とされている。この仕組みであれば、オンライン投票のほうが脅迫などに縛られずに投票可能となる場合もある。

オンライン投票のメリットは投票作業を行う運用側にもある。紙の開票作業がなくなれば、選挙のたびに選挙会場の運営を行わなければならない自治体職員の負担が軽減されるだろう。また、投票状況もリアルタイムで捕捉可能となるため、開票速報もメディアに依存しない形で発表可能となる。

投票者の属性に応じて1票の重さを変える

投票自体がデジタルになるのであれば、1票の重さをユーザーごとに

変えて集計するといったこともできるかもしれない。

　たとえば、前述のような、選挙に対して諦めを抱いている若者が多くいると考えれば、国の将来に対してより長期に責任を担う若者の1票の重さを高める方法も考えられるだろう。自分の投票権がより重い価値を持つとわかれば、若者も自分の投票が社会を変えうることを実感でき、より真面目に目指す社会を考えることにつながる。

　年齢に限らずさまざまな属性情報に応じて1票の重さを変えることができれば、代表者を選定するために投票するのではなく、争点の意思決定について市民が直接投票するという方法も可能だ。前述のとおり、投票する候補者がすべての争点で自分と同じ考えであることはまれである。また、争点によってより大きな利害を持つ属性の有権者は異なる。デジタル投票が可能であれば、市民が政策争点ごとに投票することで、デジタル直接民主主義が可能になる。これによって、議員が束ねていた各政策争点に関するスタンスを個々に市民に問うことができる。

　間接民主制をとってきた背景がすべての市民の意見を聞くコストが高かったことに由来するのであれば、デジタル化を通じて、市民1人ひとりに問うコストを低減することが可能になるだろう。また、争点ごとに利害を持つマイノリティの票の重さを調整できれば、その問題により深く関わる人の意見を尊重する合意形成を行うことが可能となる。

デジタル直接民主制の課題

　一方で、デジタル直接民主制にも課題はある。

　まず、投票すべき争点を誰が決めるのか。社会的な投票の争点を、誰がどうやって提起するのか。争点を決めるためのメカニズムが必要になる。投票する争点を決める際は、人の恣意性をどうやって排除するのかが問題となる。たとえば投票の争点をAIに決定させる場合、そのAIにバイアスがかかっていないかを確認する必要があるが、それを誰が判断

するのかは難しい。

　また、争点に対する投票の選択肢をどのように設定するのかも同様の課題が残る。選択肢自体にどちらかの選択肢を選びやすくするような恣意性が生じる場合もあるからだ。

　加えて、有権者の属性に応じた投票権の重み付けをどうやって行うのか。たとえば、子育てに関する争点については、子育て世帯の1票の重みを重くすることにより、当事者の意見を強く尊重するようなルール形成が考えられるが、実際にどうやってその重み付けを配分するのか。政策争点と、それに反応している個人の属性情報がタグ付けすることができれば、そのような重み付けが可能かもしれない。一方で、自分の属性を公開することの抵抗もあるだろうし、1票の重みに差をつけるとしてどのような重みをつけるのかといった課題の難しさもある。ここでも社会的に納得性の高いアルゴリズムが働かなければ恣意性が働く可能性がある。

　直接民主制を追求する場合、すべての政策争点について市民が投票しなければいけなくなると、「投票疲れ」が起きる可能性もある。間接民主制では代表者が投票者の意見を集約しているがゆえに、個々人が政策争点を1つひとつ検討せずとも代表者へ意思決定を委託することが可能な点に合理性がある。直接民主制のようにそれぞれの政策決定に個人投票を求めれば、それ自体が市民の大きな負担になりうる。世の中の反応が一定の閾値を超えたときに電子投票を開く形も考えられるが、その場合にはサイレントなマイノリティの争点が拾われない可能性もある。

　また、これは間接民主制も含め、選挙の仕組みそのものにいえる課題だが、社会の意思決定を行う際に本当に全員が投票した結果が社会にとって望ましい結果をもたらすのかも論点である。合理的な代表者の判断のほうが集団投票の結果よりも信頼できる可能性が否定できないわけではない。実際に意思決定の結果が望ましいものであったかどうかは、

その結果としての社会の変化を検証することでしかわからないが、直接民主制には、有権者が納得のうえで争点に関する判断の下に投票したというプロセスに意味があるとも言える。

　以上のように、現行の選挙をデジタルに置き換えることで、足のコストを減らし、投票を促すことは可能だが、デジタル直接民主制にはまだ整理すべき課題が多い。選挙のデジタル化については高齢者が逆に疎外されるのではという意見があるが、果たしてそうだろうか。投票所にタブレットを置き、ボタンを押す形で投票してもらうなどすれば、高齢者にとっても現行の投票所での投票より簡単になる。現行の投票プロセスでは、投票用紙に候補者や政党の名前を書くという手間や、名前の書き間違いといったヒューマンエラーが起きうる。一方で、タブレットにあるボタンを押すだけであれば、書き間違いは起きず、集計も楽になる。サービスデザインをきちんと議論しないままに電子投票＝遠隔投票と認知するバイアスがあると、電子投票＝高齢者にやさしくないという誤解が生じてしまう。まず第一歩として、既存の選挙を電子化するところから始めることで、これまで仕組みが変わって来なかった選挙に対する幻滅に変化を起こすきっかけをつくれるのではないか。

テクノロジーを活用した市民による新しい政治参画の可能性

　間接民主制と直接民主制を比較しながら、デジタルテクノロジーを利用した直接民主制の可能性について論じたが、そのような二元論ではなく、2つをうまく組み合わせてよりよい政治参画を目指す液体民主主義[72]という考え方も存在する。すべての政治的な意思決定を市民1人ひとり

*72

が行うのではなく、現在の間接民主主義による代表者に対する意思決定の委任も容認することにより、先に述べたような個人に生じる政策決定の負担と、特定の政策争点に関する意思表明を両立しようとするものだ。

こうした考え方は現在の間接民主主義の反省から生まれている。都市レベルでは、市民が政策提案や実施に参画していく政治のあり方を、オンラインプラットフォームを活用して推進する取り組みが見られる。兵庫県加古川市は、Decidim（ディシディム）というスペイン・バルセロナのオープンソースの市民参画型プラットフォームを活用し、市政に対する市民の意見集約を行う実証をCode for Japanと一緒に行った[*73]。また、ベンチャー企業のLiquitous（リキタス）[*74]は同様な市民参画のプラットフォームサービスの開発や、新しい民主主義のあり方に関する研究などを行っている。また、私も参画するMETACITYのプロジェクトでは、「幕張市」[*75]という実在しない都市を仮想都市として設定し、フィジカルな都市空間がないなかで新しい文化や政治参画の仕組みがオンライン上で可能なのかの実証などを進めようとしている。

直接民主制における意見集約や合意形成のコストをデジタルテクノロジーでハックすることができれば、これまでよりも個人が実感を持って自分たちのコミュニティ形成や政治に参画できる一方で、前述のとおり、すべての政策争点に対して、個人が投票することを強いれば、それ自体が大きな負担になってしまう。こうした状況のなかで自分の関心の低い分野や専門性を持たない政策争点について他者に委任できる液体民主制は、直接民主制と間接民主制の中庸をもたらす魅力的な意思決定方法のように思われる。このようなテクノロジーの利用は、今後AI等を活用

*73

*74

*75

した政策決定が進化していく未来を考えた場合に、それを行き過ぎたものにしない、市民自身の手に政治参画を引き続き担保するための手段にもなり得るだろう。

　ここまで見てきたように、デジタルテクノロジーの活用を前提とすることによって行政のあり方や政治参画のあり方自体も大きく変わりうる可能性があることがわかっていただけただろう。

　本チャプターの内容は、現状を前提とすると「そんなことは無理だ」と感じる点もあるかもしれない。しかし、よりよい社会システムのあり方を考え、目指すべき姿が設定できなければ、これまでの延長でしか社会は変わっていかない。

　行政官1人ひとりがビジョンを持って現実を変えようと動き出さなければ、待っていても変化は生じない。そしてその変化を起こすためには本書で述べてきたようなサービスデザイン思考やアーキテクチャ思考、これらをベースとしたデジタルサービス開発における方法論を理解したうえで変革を進めていくことが求められる。

　デジタル敗戦というレッテルを貼られ、今後も行政システムでトラブルが起これば、批判は起こる。しかし、その批判のなかにこそわれわれ行政官が学ぶべき視点が含まれている。そこから学び、改善を続けなければ、よりよい社会など来ない。失敗を恐れずチャレンジし続ける組織に行政組織を変えていかなければいけない。その場しのぎで失敗を葬り去ろうとするのではなく、失敗から学び次につなげることこそが、行政が進歩していくうえで非常に重要なマインドセットの転換だ。

　経済産業省においても、サービスを運用するなかで障害を通じてユー

ザーである事業者に迷惑をかけてしまったこともあり、大変申し訳なく思っている。しかし、システムも、人間がつくっているものである限り、バグや障害はつきものである。

　重要なのは、サービスに障害が起きたとき、いかにクイックに課題を解決し、以降は同じ障害が生じないように改善するかだ。無謬主義がはびこれば、それを隠す方向にインセンティブが働き、改善が望まれなくなってしまう。課題を特定し、その中身を検証し、対策を打って改善につなげることが最も重要だ。障害に関するセンセーショナルな報道は短期的にはその問題に焦点を当てるが、その批判の対応に追われて、本当に必要な対応がなされなくなることは、望ましい状況ではない。
　一方で関係者の心理的安全性が担保されなければ、こうした改善のマインドは育っていかない。適切に使えば行政サービスの効率を高めるクラウドサービスが、一部の利用ミスを発端とする不祥事により、過度に批判を気にするあまり、行政組織で全面的に利用禁止となるなどの状況は望ましくない。問題の所在を分解して分析し、適正な利用を確保して継続的に利用されることのほうが重要であろう。
　問題の指摘のみで終わらせず、その状況をどう改善するのか、さまざまな関係者がともに考えていける社会こそが成熟した社会だ。行政官、これを推進する企業やシビックテック関係者にとどまらず、メディアやユーザーである市民も行政デジタル化の進むべき道を一緒に考えられる環境を醸成していくことが重要だ。「ともに考え、ともにつくる」ことが行政をハックするうえで欠かせない。

Epilogue エピローグ

デジタルコンフィデンスを持って
行政をハックするために

本書は行政官の方に読んでいただくことを想定して、私の経験や海外、民間の事例も交えながら行政のデジタル化を進めていくうえで必要な考えや手法についてまとめた。そして、それがどのような行政サービスや社会のあり方の変化をもたらしうるかもあわせて整理した。

　テクノロジーの進歩はさらに加速し、市民生活の基礎となるインフラの考え方も、フィジカルだけでなくデジタルを前提として整備していかなければならない。また、デジタルテクノロジーを通じて、これまで当たり前だと思っていた社会のルールやステークホルダーの役割分担も大きく変わりうることに気づかれていないことが多い。行政サービスにおける国と自治体の関係性、サービス提供における行政、企業、市民の関係性、政治参画の仕組みに関する代表者と市民の関係性などは、本書で述べてきたとおり、これまでと異なるかたちが構築されようとしている。

　これまで自治体で行っていた行政事務もデジタルテクノロジーによって代替される部分が増えれば、システムは国が整備し、その運用を自治体が行うといった役割分担がありうる。国がベンダーに委託して開発してきた行政システムは、民間からの専門人材を採用することで内製化を進めるとともに、ユーザーインターフェースや、必要な機能はAPI連携を通じて民間企業が提供するといった疎結合な構成が考えられる。さらには、シビックテックや企業が行政のオープンデータを活用することで、サービスを開発し、それを行政側が認可するといったモデルもあるだろう。政治参画のあり方についても居住の制約がなくなり、複数の拠点で暮らす人が増え、政策争点が増えるなかで、市民の政治への参画の実感が失われている。電子投票による直接投票の仕組みや、市民の政策立案参画のためのプラットフォームを整備することは、民主主義のアップデートにつながり、市民がもう一度、自分たちの政治への参加の実感を取り戻す手段になるかもしれない。また、今後、AIによる行政の自動化が進んでいったとしても人間性を失わない社会システム構築の安全弁

として機能しうる。

　行政官1人ひとりがこうした変化を捉え、自分の担当する政策領域においてどのような変革がありうるのかを考えることで、よりよい社会を構築できるチャンスがこれまで以上に広がっているのだ。デジタライゼーションによる行政システムの見直しは、その上位レイヤーにある法制度の見直しとセットでなければ機能せず、その法制度が上記のようなステークホルダーの役割の変化も念頭に設計されていなければ、機能しない。

　行政官が広く関係するステークホルダーの声に耳を傾け、ファシリテーターとして新しい社会構造を他のステークホルダーも含めて共有していくことで、同じ設計図の下に社会をデザインしていくことが非常に重要だろう。これまでも行政は社会の向かうべき方向性を示してきているが、一部のその政策領域に長けた人たちしか、その領域にアクセスできなかったという課題がある。その政策分野に関わる業界団体など、関係するステークホルダーが縦割りの形で所管する行政機関とコミュニケーションを行っている。

　しかしながらデジタルを前提にしたとき、オンラインでの当人認証の標準化や、データ連携の形式を共通化といった課題は、ステークホルダーが業界横断で関わっていくようになる。参入障壁を下げ、より多くの人がそのフレームワークに参画していく仕組み・エコシステムをつくることが必要である。

行政官のアップデートとデジタルテクノロジー

　行政官にはこうした多様なステークホルダーが参画できる仕組みをつくり、巻き込んでいく触媒になることが求められているはずであり、その役割を強化していく必要がある。行政官がその役割を果たしていくた

めには、人間でなくても対処可能な日々の行政手続に係る事務をなるべく機械化、自動化することで創造的に動けるスペースを拡大していかなければ難しい。

　そのためにも、既存の行政事務に関する法制度のレガシー、非効率的なプロセスに見直すとともに、これをデジタルで完結する形にしていくことが重要だ。つまり、行政官が社会システムの構築から創造的な作業にシフトするためにも、デジタルテクノロジーの実装は行政内部のバックオフィス業務でも進めなければならない。

　加えて現在では、市民がすでにさまざまなオンラインサービスを利用している。このため、今後の行政サービスや政策も、デジタルテクノロジーの活用を前提としたデザインがなされていかなければならない。この点においても、今後の行政官にはデジタルテクノロジーの基本的な知見が必須となっていくことを意味している。

　「行政官がデジタルテクノロジーに関する知見を持つ」が意味するところは、必ずしもプログラミングができるといったことではない。私自身も、法学、経済学、経営学などについては学んだものの、コンピュータサイエンスの素養があるわけではない。それでも現在の業務では行政サービスのデジタル化プロジェクトを統括する役割を果たしている。

　しかしながら、行政のデジタル化を進めるうえでデジタルテクノロジーに関する概念の理解や好奇心を持つことは非常に重要だと考える。行政官も普段は一市民、一消費者として生活しており、いろいろなアプリやウェブサービスを利用しているはずだ。利用するなかで、その利便性についてどう考えるか意識的にチェックをする、それを行政分野に取り入れるとしたらどんな形がありうるのかを想像してみるといったことができるかが重要だ。ユーザーとしての感覚を失い、管理側の立場のニーズからしかシステムを構築してこなかったことが、利便性が悪い、

使われない行政システムを生み出してきた。サービスデザイン思考で端的に言わんとしていることは、自分も1人のユーザーとしてどう感じるかを大切にし、繊細な感覚を持ってサービス開発に当たろうということなのだ。

　好奇心が湧いたら、実際に気になったサービスを使ってみることだ。Slack＊76やTableau（タブロー）＊77といったよく聞く民間のデジタルサービスがどんなものかをまずはプライベートで使ってみたり、APIやコンテナ技術といったIT業界の人がよく使う専門用語が何を意味しているのか検索してみたり、そういう積み重ねがデジタルテクノロジーの理解を深めてくれるはずだ。本に書いてあることだけでなく、自分で触れる、調べてみるほうが、その理解の解像度が高くなる。

　私自身も留学中に受講していたデータサイエンスの基礎コースでデータを可視化するツールを知り、使ってみると、数分できれいにデータを表現でき、本当に感動して、帰国後は組織内に広めようと思った。それによってデータの可視化を担当する人の時間は10分の1になるのだから。帰国後、実際にそのツールの活用を広め、現在、経済産業省内でも利用が拡大している。このように学びを行動につなげていくと、少しずつ組織に変化をもたらすことはできる。

　もう1つの方法は、各組織の情シス部門の人や信頼できる民間の専門家、シビックテックのグループなどにわからないことをいろいろと聞いてみることだ。私も、留学からの帰国後、ほとんど専門的知見を持たな

＊76　　　　　　＊77

いなかで、政府CIO補佐官の方や自分の部署にいるデジタル化推進マネージャーとのコミュニケーション、Code for Japanなどのイベントへの参加を通じて、実際のデジタルサービスの事例やテクノロジーの概要について説明してもらい、理解を深めた。

　また、そういった人たちとのコミュニケーションを通じてつながりを広げていくことは、自分たちが新しいプロジェクトを行おうと思ったときに相談できる仲間が増えることにもつながる。Govtechエコシステム（生態系）をつくっていくということを述べてきたが、まさに、こうしたつながりの増加によってエコシステムができあがっていく。自分もそのエコシステムの一部となることで、行政デジタル化を一緒に進めていける仲間をつくっていければ、必ずしも自分ですべて行う必要はないことがわかる。むしろ、そのエコシステムのなかで自分はどのような形で役割を果たせばいいかが見えてくるだろう。

デジタルコンフィデンスを持って社会を変える

　IDEOの創業者であり、デザイン思考の第一人者であるトム・ケリー、デビッド・ケリーの本に『クリエイティブコンフィデンス』（和訳版は千葉敏生・訳『クリエイティブ・マインドセット 想像力・好奇心・勇気が目覚める驚異の思考法』（日経BP）＊78）がある。

　この本では、自信を持ち行動を起こすことができれば、誰もが創造的になれるというポジティブなメッセージが描かれている。多くの人は、自分は創造的ではないと言って壁をつくり、自分のなかにある創造性を普段の仕事で発揮できないでいる。そのような人の創造性の発揮を後押しするような内容だ。

　なぜこの本を紹介したかというと、私は創造性だけでなく、デジタルといった言葉にも同様な壁があるように考えるからだ。「自分はコード

が書けないからデジタル分野はわからない」、「専門用語が何を意味するかわからないから自分には無理だ」、「何から取り組んだらいいのかわからない」といった疎外感が、デジタルトランスフォーメーション（DX）は重要だと頭では認識しているが、自分で取り組みを進める自信がないという人を生み出しているのではないかと思う。

　一方で、非テクノロジーのバックグラウンドの人材にもDXを進めるうえで役割は多くある。たとえば、DXが効果的に推進されるような組織をどうデザインするか、プロジェクトをどうやってマネジメントするか、プロダクトオーナーとして開発するサービスのカスタマーは誰で、どんな機能が必要かを整理する役割は、デジタルテクノロジーのコアな知識がなくても果たしていける。

　自主的な学びによる理解と好奇心があれば、基礎的な専門用語の理解は可能であり、専門家との会話も可能だ。わからなければ聞けばいい。

　そもそも、デジタルテクノロジーの活用は手段であって目的ではない。どのようなユーザー体験を市民に提供したいのか、どのような社会を実現するのかというビジョンを実現する道具としてデジタル技術があるだけだ。だから、自信を持って「自分がデジタル化を推進する」と声を上げ、旗を立てればいいのだ。これを「デジタルコンフィデンス」と呼んでもいいだろう。

　デジタル化の取り組みは誰にでもできることだ。テック企業やデジタルサービスを提供するスタートアップのCEOも、ミッションにデジタルテクノロジーを掲げてはいない。Googleのミッションは「世界中の情報

*78

を整理し、世界中の人がアクセスできて使えるようにすること」[79]だし、Amazonのミッションは、「地球上で最もお客様を大切にする企業になること」[80]である。どこにもテクノロジーの専門用語は入っていない。

　行政官自身がデジタル技術を用いてより便利な社会を実現したいという思いを持って一歩踏み出すことが、大きく社会を変えていくきっかけになる。自分ですべてを変える能力を持つ必要はない。旗を掲げて一緒に進んでくれる仲間を見つけて進めていけば、道は開けていく。若い行政官のみならず、ベテランの職員の方でも、そのチャンスに気づいてほしい。デジタルネイティブである若手行政官が、新しい絵を描ける領域は多く存在するし、ベテランの職員の方こそが業務プロセスについて最も深い知見を持っており、変革のキーとなりうる。

　国家公務員試験や地方公務員試験の応募者数は減少しているかもしれないが、逆に言えば、強い思いがある人が行政官というキャリアを選択しているはずだ。社会システムを変えていく重要な役割を果たしたいと思っている行政官にとっては、この行政の転換期に、自分の意志さえあれば、多くのことにチャレンジできる可能性がある。それは、私自身が帰国後取り組みを進めるなかでも実感してきたことだ。チャレンジして失敗があったとしてもそこから学び、次につなげていけばよい。

　行政官になろうと考えたときの初期衝動を忘れずに、組織のルーティンにとらわれず、機会を狙っていくことが重要である。自分の達成したいことに、まっすぐたどり着けることは必ずしも多くない。それでも問題意識を忘れずにさまざまな業務を行っていれば、それらが自分のなか

*79　　　　　　　*80

でつながり、意味を持ってくる。その経験が、自分が達成しようとしていたことに実はつながっている可能性がある。

　本書の冒頭に述べたように、行政のデジタル化を進めなければとの私の思いは、元をたどると、入省間もないころの膨大な単純作業の経験で味わった苦労に端を発する。一見この経験はまったくデジタル化に関係ないように見えるが、視座を変えれば、この経験があったからこそ、デジタル化の重要性に気づけたとも言え、実はつながるのだ。

　Appleの創業者の故スティーブ・ジョブズがスタンフォード大学の卒業式で行ったスピーチは有名であるが、そのなかの一節に「connecting the dots」（点と点をつなぐ）という言葉が登場する。彼は大学を中退するが、大学のカリグラフ（文字デザイン）の授業に感銘を受けたことが、マッキントッシュのパソコンにさまざまなタイポグラフィーを導入するきっかけになったという。つまり、そのときは関係ないと思っていた1つひとつの経験が、自分の目指す目標がはっきりしたときにつながる瞬間が訪れる可能性がある。

　私は大学時代に広告やブランドデザインに興味を持っていた。その後、経済産業省のDXを掲げ、取り組みを進めようと思ったときに、大学時代の学びや考え方が自分のなかでつながり、省内外にそのコンセプトを発信する際にそのときの知見が役に立った。そして、留学中にスタートアップのカルチャーやエコシステムに関心を持っていたことが、「Govtech Conference Japan」の実施などにつながっていった。一見つながりがないように見えても、自分のなかでつなげていくことで、何かを達成する方法を考えるときに活きてくる。そのとき、そのときの自分の経験や能力を大切に扱っていけるかどうかが重要であり、無駄なものはないのだ。

デジタル化は技術だけの問題ではない、組織・人の問題である

　最後に改めて書いておきたいのは、行政のデジタルトランスフォーメーションを実現するのは組織であり、人だということだ。Government as a Serviceを実現することは、行政組織が社会基盤となるデジタルプラットフォームを提供するということだ。そのためには、デジタルプラットフォーマーと同じような縦割りを排した組織の柔軟性や人材の多様性を受け入れていく必要がある。

　また、行政官のデジタルリテラシーの向上とあわせて、外部人材との柔軟な連携が行えるコミュニケーションスキルなどが求められる。デジタル庁が目指す姿というのはまさにそういった姿であると思うが、他省庁や自治体も同じような組織変革が求められていると言っていい。こうした組織をつくるためには行政官1人ひとりの変化だけではなく、組織のカルチャー自体を変えていく必要がある。

　批判に臆病になり、新しいことにチャレンジすることができない組織や、これまでやってきたことを踏襲することしかできない組織は、社会を進歩させない。民間企業であれば、他社との競争で淘汰されてしまうのに、行政組織はその淘汰がないだけだ。

　では、その淘汰のなさのしわ寄せは誰に行くのかと言えば、サービスを受け取る市民であり、そのサービスを運用する行政官自身なのだ。組織カルチャーとは、組織で共有する価値観や行動規範のことを指す。多くの行政組織はこれがアップデートできていないがゆえに、旧来のやり方にとどまってしまっている。DXを進めるうえでそもそも組織のカルチャー自体が適合できているのか、ということだ。

　これを見直すには、まず自分たちの組織が何を大切な価値としているのか、ミッションを見つめ直し、実現すべきビジョンを描いて組織内で

共有することだ。そのうえで、それに寄り添う形でどのようにデジタル技術を導入していくべきかを整理していく必要がある。これは行政組織経営そのものである。

　足元の政策課題や社会で取り上げられているイシューに対応することは重要だが、その根本的な課題は組織の能力や体質にある。一度起こった課題が中長期的に繰り返されないようにするためには、組織としての能力を強化し、職員がよりパフォーマンスを出せる環境を整備することだ。その際の最重要なピースの1つとしてデジタル化があることを忘れてはいけない。デジタル化に関する組織経営上のプライオリティを高め、中長期的なビジョンを持って実現すべきデジタルサービスを一歩一歩構築していかなければならない。

　行政のデジタル化という課題は、新型コロナウイルス感染拡大を通じて再度その重要性が認識されたところであり、デジタル庁の設置やマイナンバーカードの普及などその端緒についたばかりである。

　ただ単に行政をデジタル化するにとどまらず、行政のあり方、もっと言えば、社会のあり方をどう見直すべきなのかという大きな課題につながる。この課題にどこまで真剣に向き合えるかで日本がどれだけ暮らしやすい国になるのかが変わる。また、それはどれだけ経済活動がしやすい国になるのかも意味する。こうした変革を起こすために既存の仕組みに対して勇気を持ってチャレンジできる行政官や、その取り組みに共感してくれる方々の数でこの国のかたちは変わると言ってもいい。本書がチャレンジ精神を持つ行政官やともに進んでくれる外部の方々の後押しをするものになれば嬉しく思う。

　行政デジタル化のムーブメントをともに拡大し、日本社会をアップデートする活動を、行政官のみならず立場を超えて皆で実現していこう。ただ不満を言っていても、自分を取り巻く環境はよくはならない。評論

家はいらないのだ。あなたが強い変革の意志を持ち、行動を起こしてこそ社会は前進する。多くの起業家がそうであるように、自分の信じていることを追求し、仲間をつくりながら実現することが重要なのだ。行政をハックするエコシステムを皆でともにつくっていこう。

おわりに

　そもそも私が本を書きたいと思ったのは2019年ごろに遡る。当時はまだ新型コロナウイルスも存在しないなかで、行政のデジタル化に対する関心も現在ほど高くなかったことから、自分の思いを共有できる人を増やすために、書籍を書いて広めることが有効ではないかと考えていた。

　その下地として、自分の思いを形にして広げていこうと、2020年から、noteで自分の考えを記事にしていった。普段から行政のデジタル化に関わる方々が読んでくれているようで、仕事の打ち合わせなどでは「読んだよ」と声をかけてもらうことも増えた。本書はそのnoteの記事も加筆修正しつつ、かなりの部分を新規で書き下ろした。

　当初から自分の声を届けたいメインの読者は、私と同じように働く行政官の方たちだった。そうした方たちに声を届けるという意味でも、メインの読者が行政官であるぎょうせいから今回出版できたことは私としては嬉しい。一方で内容としては、一般の方々にも興味深く感じてもらえると思う。実際に出版の話を進めることになったきっかけは、同じくぎょうせいから本を出版されたグラファーの石井大地代表取締役CEOと対談[A]した際、「書いてみたらどうですか」と背中を押されたことだった。2021年の正月とゴールデンウィークを返上して、これまで自分の頭にめぐっている内容を整理して書き連ね、本書が完成した。

　本書を執筆するに当たっては、経済産業省での私の実務経験や、研究会で取りまとめた「21世紀の『公共』の設計図」[B]の議論、「Code for Japan Summit」などのシビックテックのイベントの参加から得た知見をはじめ、情報プロジェクト室でのこの4年間の活動が元となっている。留学から帰国後、突拍子もないことばかりを言っていた私を応援してくださった瀧島勇樹参事官、日暮正毅課長、また、前任でもあり、私の

考えを理解し、共闘くださった中野美夏参事官には感謝の気持ちに堪えない。また、経済産業省DXの取り組みを支えてくれた歴代の情報プロジェクト室のメンバー、経済産業省に配属された政府CIO補佐官の皆さん、前職を辞めてリスクをとって飛び込んでくれた経済産業省のデジタル化推進マネージャーのメンバーの皆さんにも本当に助けられ、心から感謝している。

　Code for Japanをはじめとするシビックテックに参画する皆さん、Govtech startupの皆さん、自治体職員の皆さん、その他これまでわれわれの活動に関わってくれた皆さんからも多くの影響を受けた。

　「21世紀の『公共』の設計図」の策定後、『Next Generation Government』を発刊された黒鳥社の若林恵代表、元上司でもあり、「アーキテクチャ」という概念を省内外で広め、『DXの思考法 日本経済復活への最強戦略』（文藝春秋）を発刊された西山圭太東京大学客員教授からも本書を書くにあたり多大なる影響を受けた。加えて、帰国後の自分のデジタルガバメントへのモチベーションを生み出し、常に刺激を与えてくれるハーバードケネディスクールのDavid Eaves教授、シンガポール国立大学リー・クワンユー公共政策大学院のCheryl Chungディレクターにも感謝申し上げたい。また、デザイン経営について学んだ多摩美術大学クリエイティブリーダーシッププログラムからも多大なインプットを得たことを申し添える。

　最後に本書出版にあたり、いつも応援してくれる家族とすべての友人・知人の皆さんに感謝し終わりの言葉とさせていただく。

A：株式会社ぎょうせいのYouTube　　**B**：経済産業省「21世紀の『公共』の設計図」

参考文献・より理解を深めるためのブックリスト

行政DX入門

『なぜデジタル政府は失敗し続けるのか 消えた年金からコロナ対策まで』
日経コンピュータ 著 日経BP 2021年

『自治体×ベンダー 自治体システム導入の「そういうことだったのか」会議
ウチのシステムは使えないと言われるのはなぜ?』
NPO法人デジタルガバメントラボ 著 ぎょうせい 2021年

『こうすればうまくいく 行政のデジタル化』石井大地 著 ぎょうせい 2020年

『NEXT GENERATION GOVERNMENT 次世代ガバメント 小さくて大きい政府のつくり方』
若林 恵 責任編集 日本経済新聞出版 2019年

『データ活用で地域のミライを変える! 課題解決の7Step』
一般社団法人コード・フォー・ジャパン 著 ぎょうせい 2019年

『行政とデザイン 公共セクターに変化をもたらすデザイン思考の使い方』
アンドレ・シャミネー 著、白川部君江 訳 ビー・エヌ・エヌ新社 2019年

テクノロジー動向を学ぶ

『AI世界秩序 米中が支配する「雇用なき未来」』
李開復 著、上野元美 訳 日経BP 2020年

『シン・ニホン AI×データ時代における日本の再生と人材育成』
安宅和人 著 NewsPicksパブリッシング 2020年

『DISRUPTORS 反逆の戦略者「真のイノベーション」に共通していた16の行動』
デイビッド・ローワン 著、御立英史 訳 ダイヤモンド社 2019年

『グーグルが消える日』ジョージ・ギルダー 著、武田玲子 訳 SBクリエイティブ 2019年

『the four GAFA 四騎士が創り変えた世界』
スコット・ギャロウェイ 著、渡会圭子 訳 東洋経済新報社 2018年

『<インターネット>の次に来るもの 未来を決める12の法則』
ケヴィン・ケリー 著、服部 桂 訳 NHK出版 2016年

『限界費用ゼロ社会 <モノのインターネット>と共有型経済の台頭』
ジェレミー・リフキン 著、柴田裕之 訳 NHK出版 2015年

『テクニウム テクノロジーはどこへ向かうのか?』ケヴィン・ケリー 著、服部 桂 訳 みすず書房 2014年
「The End of Big: How the Internet Makes David the New Goliath, St. Martin's Press」
Nicco Mele 2013年

アーキテクチャ思考を学ぶ

『DXの思考法 日本経済復活への最強戦略』西山圭太 著、冨山和彦 解説 文藝春秋 2021年

『未来を実装する テクノロジーで社会を変革する4つの原則』馬田隆明 著 英治出版 2021年

サービスデザイン思考・手法を学ぶ

『これからのデザイン経営　常識や経験が通用しない時代に顧客に必要とされる企業が実践している経営戦略』
永井一史 著　クロスメディア・パブリッシング　2021年

『SF思考 ビジネスと自分の未来を考えるスキル』藤本敦也、宮本道人、関根秀真 編著　ダイヤモンド社　2021年

『This is Service Design Doing サービスデザインの実践』
マーク・スティックドーン他 著、長谷川敦士 監修、安藤貴子・白川部君江 訳　ビー・エヌ・エヌ新社　2020年

『HELLO, DESIGN　日本人とデザイン』石川俊祐 著　幻冬舎　2019年

『直感と論理をつなぐ思考法 VISION DRIVEN』佐宗邦威 著　ダイヤモンド社　2019年

『クリエイティブ・マインドセット 想像力・好奇心・勇気が目覚める驚異の思考法』
デヴィッド・ケリー、トム・ケリー 著、千葉敏生 訳　日経BP　2014年

『ゼロ・トゥ・ワン 君はゼロから何を生み出せるか』
ピーター・ティール、ブレイク・マスターズ 著、瀧本哲史 序文、関美和 訳　NHK出版　2014年

『デザインのデザイン』原 研哉 著　岩波書店　2003年

プロセスデザイン手法を学ぶ

『業務改革の教科書 成功率9割のプロが教える全ノウハウ』白川 克、榊巻 亮 著　日経BP　2013年

『リーダーが育つ変革プロジェクトの教科書』白川 克 著　日経BP　2018年

『ビジネスモデル・ジェネレーション ビジネスモデル設計書』
アレックス・オスターワルダー、イヴ・ピニュール 著、小山龍介 訳　翔泳社　2012年

ITサービス開発手法を学ぶ

『いちばんやさしいアジャイル開発の教本 人気講師が教えるDXを支える開発手法』
市谷聡啓、新井 剛、小田中育生 著　インプレス　2020年

『ソフトウェア・ファースト あらゆるビジネスを一変させる最強戦略』及川卓也 著　日経BP　2019年

『システムを「外注」するときに読む本』細川義洋 著　ダイヤモンド社　2017年

『なぜ、システム開発は必ずモメるのか?』細川義洋 著　日本実業出版社　2013年

『リーンスタートアップ』エリック・リース 著、井口耕二 訳、伊藤穣一 解説　日経BP　2012年

『アジャイルサムライ 達人開発者への道』ジョナサン・ラスマセン 著　オーム社　2011年

DXを実現する組織・エコシステム作りを考える

『Talent Wins 人材ファーストの企業戦略』
ラム・チャラン、ドミニク・バートン、デニス・ケアリー 著　日本経済新聞出版　2019年

『DX実行戦略 デジタルで稼ぐ組織をつくる』マイケル・ウェイド、ジェイムズ・マコーレー、アンディ・ノロニャ、ジョエ
ル・バービア 著、根来龍之 監訳、武藤陽生、デジタルビジネス・イノベーションセンター(DBIC) 訳　日本経済新聞出版　2019年

『How Google works』エリック・シュミット、ジョナサン・ローゼンバーグ、アラン・イーグル、ラリー・ペイジ 著　日経BP　2014年

「Startup Communities: Building an Entrepreneurial Ecosystem in Your City (Techstars), Wiley」Brad Feld　2012年

『アップル、グーグル、マイクロソフトはなぜ、イスラエル企業を欲しがるのか?』
ダン・セノール、シャウル・シンゲル 著　宮本喜一 訳　ダイヤモンド社　2012年

著者略歴

吉田泰己
（よしだ・ひろき）

経済産業省 商務情報政策局 情報プロジェクト室長
1983年生まれ。東京大学公共政策大学院修了後、
2008年経済産業省入省。法人税制、地球温暖化
対策、エネルギー政策等を担当したのち、2015年
7月より留学。シンガポール国立大学で経営学修士
（MBA）、リー・クワンユー公共政策大学院で公共
経営学修士を取得、ハーバードケネディスクールに
フェローとして在籍、各国のデジタルガバメントの取
り組みについて学ぶ。2017年7月に帰国後、経済産
業省情報プロジェクト室の室長補佐として省内のデ
ジタル・トランスフォーメーション及び事業者向け行
政手続のデジタル化を推進。2020年7月より現職。
2021年3月、第2期多摩美術大学クリエイティブリー
ダーシッププログラム（TCL）修了。

note　　　　　　　LinkedIn

行政をハックしよう
ユーザー中心の行政デジタルサービスを目指して

令和 3 年11月15日　第 1 刷発行

　著　者　吉田泰己
　発　行　株式会社ぎょうせい
　　　　　〒136-8575　東京都江東区新木場1‐18‐11
　　　　　URL：https://gyosei.jp

　　　　　フリーコール　0120‐953‐431
　　　　　ぎょうせい　お問い合わせ　検索　https://gyosei.jp/inquiry/

〈検印省略〉

印刷　ぎょうせいデジタル株式会社　　　　　　©2021　Printed in Japan
※乱丁・落丁本はお取り替えいたします。
ISBN978‐4‐324‐11026‐3
(5108734-00-000)
〔略号：行政ハック〕